むっちんさんの

極上だれでパパッとごはん

作り置きできてアレンジ自在！

むっちん（横田睦美）

ONE PUBLISHING

目次

【この本の決まり】

- 大さじ1は15mℓ、小さじ1は5mℓ、1カップは200mℓです。
- できあがり量は目安です。
- 保存期間は冷蔵保存を基本としています。記載のないものは冷蔵庫で保存した場合の保存期間です。
- 電子レンジは600Wのものを使用しています。電子レンジの機種により、加熱具合に差があるので、様子をみて加熱してください。
- 調理時間には、食材を水にさらすなどの下準備の時間は含まれません。

【分量の見方】

- たれのレシピ
  作りやすい分量で掲載しています。（できあがり量の目安／料理に何回使えるかの回数目安）用意する保存容器のサイズの目安、たれの活用予定の参考にしてください。
- 料理レシピのたれの分量
  「たれレシピ全量」
  …紹介したたれレシピをそのまま全量使用
  「たれレシピ半量」
  …紹介したたれレシピの半量を使用
  記載なし
  …料理レシピの分量に合わせて計量してください。

作り置き極上だれがあれば……

それだけで…
味付けキマル！
三拍子揃った献立がパパッと完成！
手際よし！
バランス良好！

はじめに

味付け迷子にさせま宣言

毎日3食ごはんを作るのって、なかなか労力がいりますよね。
大きな声では言えませんが、
仕事にするほど料理が好きな私にも
〝ごはん作るのつらいなぁ〟という日があります、わりと頻繁《ひんぱん》に。

でも毎日できあいというわけにもいかないし、
どんなときだってお腹はすきます。
心と時間に余裕がない時こそ、作り置きだれの出番です。

この本では、和洋中からエスニックまで60種類のたれと、
105種類のアレンジレシピをご紹介しています。

作り置きのたれさえあれば、切った食材と炒めたり、煮込むだけでパパッとひと品が完成。
和えるだけ、かけるだけという、究極の時短を叶えるたれも載せました。

あらかじめ味のバランスが取れたたれを使えば、味付け迷子になることもありません。
〝そうきたか！〟と言って欲しくて、同じたれでも飽きないよう、調理法や食材選びにも工夫を凝らしました。

エスニックだれの章では「作ってみたいけど味付けどうすれば？」のギモンに応えるべく、
人気のタイ料理や韓国料理を取り上げています。
何度も試作を重ね、大好きなアジアの屋台で食べた味を再現したレシピは私のお気に入りです。

たれをテーマに1冊の本が完成したいま、茶色く地味な見た目ながらも、〝時短〟と〝おいしい〟を両方叶えてくれるたれに、
無限の可能性を感じています。この本がただの〝たれカタログ〟としてだけでなく、
こんな使い方ができるんだ、こんな食材にも合いそう、といった想像力をかき立てるヒントになればうれしいです。

むっちん（横田睦美）

第1章

極上定番だれ

胃袋をグッとつかまれること間違いなし。試行錯誤の末に生まれた、和洋中の人気料理のたれをご紹介。味がぴたりと決まる快感を体験あれ。

Best 5

1. 照り焼きのたれ

保存期間 1か月

材料 作りやすい分量
（約150mℓ／
料理レシピ２回分相当）

しょうゆ ……………… 大さじ３
酒 ……………………… 大さじ３
みりん ………………… 大さじ３
砂糖 …………………… 大さじ２

作り方 全ての材料を混ぜ合わせる。

どんな味？ ごはんが進む和風の甘辛味。甘みの奥行きを出すみりんは、煮詰めることでおいしそうな照りを出す効果も。

何に合う？ 鶏むね肉、つくねや肉団子、魚、厚揚げ、野菜の肉巻きなど、焼きからめればいろんな食材がいいおかずに。

照り焼きチキン

調理時間 15分

材料 （1〜２人分）

鶏もも肉 ……………………………… 1枚
照り焼きのたれ
……………… 大さじ5（たれレシピ半量）
塩、こしょう ……………………… 各少々
片栗粉 ………………………………… 適量
サラダ油 …………………………… 大さじ1

下準備

▶鶏肉は余分な脂を取り除き、厚みのある部分は開く。
▶鶏肉の水分をペーパータオルでふき取り、塩、こしょうと片栗粉を薄くまぶす。

作り方

1. 冷たいフライパンにサラダ油をひいて鶏肉を皮目を下にして入れ、中火で２分ほど焼く。皮目に香ばしい焼き色がつきパリッとしたらペーパータオルで余分な脂をふき取り、裏返してフタをし弱火でさらに３〜４分焼く。
2. 照り焼きのたれを加えてフライパンをゆすりながら煮詰め、全体にたれをからめて完成。

point

片栗粉をまぶして焼くことでたれがよくからみ、煮詰めると程よいとろみが出ます。仕上がりにもツヤが！

誰もが好きな甘辛味
食欲そそる照りがヨダレもの！
冷たいフライパンから焼くのが皮パリッの秘訣です

調理時間 15分

手羽中と根菜のスタミナ照り焼き

材料 (2〜3人分)

鶏手羽中(半割り) ………………………… 10〜12本
れんこん ………………………………… 100g
A［照り焼きのたれ ………… 大さじ5(たれレシピ半量)
　 おろしにんにく ………………………… 1片分
　 酢 …………………………………… 小さじ1〜2
塩、こしょう、片栗粉、サラダ油、ごま油、粗びき黒こしょう
…………………………………………… 各適量
(好みで)水菜 ……………………………… 適量

下準備

▶手羽中は火の通りがよくなるよう骨の間に包丁で切り込みを入れ、塩、こしょう、片栗粉を薄くまぶす。
▶れんこんは皮をむいて酢水(分量外)につけ、軽く下ゆでする。

作り方

1. 中火で温めたフライパンにサラダ油をひいて鶏肉を並べ、全体に軽く焼き色がつくまで焼く。余分な脂はペーパータオルでふき取る。
2. 鶏肉をフライパンの端に寄せて空いたところにれんこんを加え、軽く焼き目をつける。
3. Aを加えて全体にからめながら炒める。たれがからんでツヤが出てきたら、仕上げにごま油をひと回しして完成。皿に盛りつけ、粗びき黒こしょうを多めにふり、好みで水菜を添える。

+《プラス》にんにく

にんにくでパンチを効かせた味付けは
おつまみにぴったり。
止まらないおいしさです

たれにしょうが汁を加えて
魚特有の臭みをオフ。
濃いめの味付けでごはんが進みます

+《プラス》しょうが

調理時間 10分
(塩をする時間は除く)

ぶりの照り焼き

材料 (2人分)

ぶり(切り身) ………………………………… 2切れ
塩 …………………………………………… 少々
薄力粉 ……………………………………… 少々
A［照り焼きのたれ ………… 大さじ5(たれレシピ半量)
　 しょうがのしぼり汁 ……………… 小さじ1〜1 1/2
サラダ油 …………………………………… 小さじ2
(好みで) 焼き長ねぎ ……………………… 適量

下準備

▶ぶりは両面に塩をふり、10分ほどおく。軽く水で洗い流して水気をふき取り、薄力粉をごく薄くまぶす。

作り方

1. フライパンにサラダ油をひいて中火で温め、皮目から順に両面をこんがりと焼く。余分な脂はペーパータオルでふき取る。
2. Aを加え、フライパンを傾けてたれをかけながら煮詰める。全体に照りが出てきたら完成。好みで焼きねぎを添える。

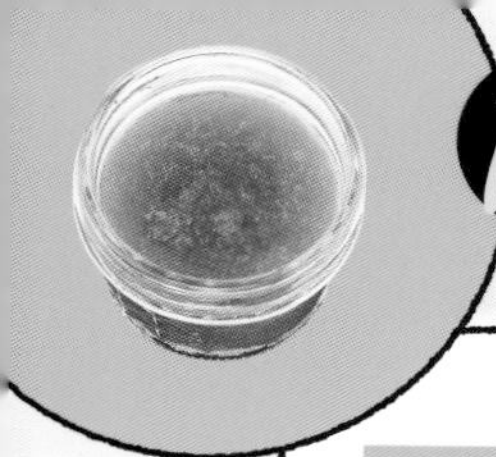

保存期間 1週間

2. しょうが焼きのたれ

材料 作りやすい分量
（約250mℓ／料理レシピ4回分相当）

玉ねぎ …大1/2個（約150g）
しょうが ……………………30g
しょうゆ ……………大さじ4
みりん ………………大さじ4
砂糖 …………………大さじ2
水 ……………………大さじ3

作り方

1 玉ねぎをざく切りにし、全ての材料とともにミキサーにかける（または玉ねぎとしょうがをすりおろし、全てを混ぜ合わせる）。

2 電子レンジでラップをかけずに2分ほど加熱する（または小鍋に❶を入れ中弱火で3分ほど軽く煮詰める）。

どんな味？
たっぷり入れたしょうがの効果で、甘辛味の中にも香り立つおいしさが。玉ねぎの自然な甘みもポイントです。

何に合う？
豚のしょうが焼きは、好みの部位どこでもOK。鶏むね肉や鶏ささみ、野菜や肉巻きも◎。煮物への応用も。

豚のしょうが焼き

調理時間 15分

材料（2人分）

豚切り落とし肉（または豚こま切れ肉）……200g
玉ねぎ ……………………………大1/2個
塩、こしょう、片栗粉 ………………各適量
しょうが焼きのたれ ……………大さじ4〜5
サラダ油 …………………………大さじ1
（好みで）キャベツ（せん切り）…………適量

下準備

▶豚肉は食べやすい大きさに切り、塩、こしょう、片栗粉を薄くまぶす。

作り方

1 玉ねぎは1cm厚さのくし形切りにする。

2 フライパンにサラダ油をひいて豚肉を広げ、弱火で色が変わるまでじっくりと焼く。

3 肉の色が半分ほど変わったらフライパンの空いたところに玉ねぎを加えてほぐしながら同時に焼く。

4 肉に完全に火が通り、玉ねぎがしんなりしたらしょうが焼きのたれを加え、全体にからめて完成。器に盛り、好みでキャベツを添える。

弱火でじっくりと焼くことで驚くほど柔らかく仕上がります。

パンチがありつつジューシーな洋食屋さんの味！

肉巻き厚揚げのしょうが焼き

調理時間15分

材料（2人分）

豚バラ薄切り肉……………………………4枚
絹厚揚げ…………………………1枚（150g）
ピーマン……………………………………2個
しょうが焼きのたれ………………大さじ4〜5
塩、こしょう、片栗粉、サラダ油……各適量

下準備

▶厚揚げは熱湯をかけて油抜きをし、8等分の長方形に切る。

作り方

1. ピーマンは種を取り除いて乱切りにする。豚バラ肉は半分の長さに切る。
2. 水気をふき取った厚揚げに塩、こしょう、片栗粉を薄くまぶし、豚肉を巻き付ける。巻き終わった表面にも片栗粉を薄くまぶす。
3. 薄くサラダ油をひいたフライパンに巻き終わりを下にした❷を入れ、転がしながら肉の色が変わるまで中火で焼く。ピーマンを加えて軽く炒める。
4. しょうが焼きのたれを加えて全体にからむように炒め合わせて完成。

厚揚げにお肉を巻いてボリュームアップ！
合わせる野菜はししとうやオクラもおすすめ。
お弁当おかずにも◎

ねぎとしょうがを使った
体の芯から温まるほっこり癒し系の味わい。
そぎ切り＆片栗粉で鶏胸肉もつるんと柔らか

鶏肉とねぎのとろみ煮

調理時間 15分

材料　(2〜3人分)

鶏むね肉……………………………1枚
長ねぎ………………………………1本
塩、片栗粉…………………………各適量
A ┌水……………………200〜250mℓ
　 └しょうが焼きのたれ……………大さじ4

下準備

▶鶏肉は食べやすい大きさのそぎ切りにする(**P.70「鶏むね肉を柔らかく仕上げるそぎ切りのコツ」参照**)。塩をふり、しっかりと片栗粉をまぶす。

作り方

1 長ねぎは5mm厚さの斜め薄切りにする。

2 鍋にAを入れて中火にかけ、煮立ったら鶏肉を重ならないように入れ、ひと煮立ちさせる。

3 長ねぎを加えてフツフツと沸くくらいの火加減に落とし、鶏肉に火が通るまで5分ほど煮る。

スイッチポンのよだれ鶏

調理時間 5分（保温時間除く）

材料 （1〜2人分）

鶏むね肉 ……………………………………1枚
片栗粉 ……………………………………適量
しょうが（薄切り） ………………………4枚
長ねぎの青い部分 …………………………1本
よだれ鶏のたれ …… 約150mℓ（たれレシピ全量）
（好みで）バターピーナッツ（粗みじん切り）、
パクチー（または刻んだ小ねぎ）
……………………………………各適量

下準備

▶たっぷりの熱湯を準備する。
▶鶏肉は皮を取り除き、厚みのある部分は開く。両面に片栗粉を薄くまぶす。

作り方

1 炊飯器（5.5合炊きを使用）の内釜に皮目を上にした鶏肉、しょうが、長ねぎの青い部分を入れ、内釜のふちから鶏肉に直接かからないよう熱湯を注ぐ。湯が少ないと火が通りにくくなるので、3〜4合の目盛りまでたっぷり注ぐ。肉が浮いてくるようなら、耐熱皿を裏返してかぶせ重しをする。60分保温モードにする。

2 ①の鶏肉を取り出し、粗熱が取れたら食べやすい大きさに切る。器に盛り、よだれ鶏のたれをかける。好みでバターピーナッツやパクチーをのせていただく。

point
炊飯器の保温モードで、低温調理を簡単に。片栗粉がはがれてしまうため、肉に直接熱湯をかけないよう注意。

3. よだれ鶏のたれ

保存期間 1週間

材料 作りやすい分量
（約150mℓ／料理レシピ1回分相当）

しょうゆ …………… 大さじ3
はちみつ（または砂糖）
…………………… 大さじ2
酢 ………………… 大さじ2
ラー油 …………… 大さじ1
オイスターソース … 小さじ1
しょうが（みじん切り）
…………………… 小さじ2
長ねぎの白い部分
（みじん切り）……… 1本分
白ごま …………… 大さじ1

作り方 全ての材料を混ぜ合わせる。

どんな味？ 長ねぎやしょうがの風味が効いたピリ辛・酸っぱ・コク旨の中華味。はちみつがまろやかな甘みとコクをプラス。

何に合う？ そのままかけて使うほか、スープや炒め物を作るときの合わせ調味料にも。揚げ鶏にかければ、油淋鶏《ユーリンチー》も簡単に。

炊飯器で低温調理した柔らかな鶏に
香味野菜の風味やナッツの食感が楽しい！
残ったゆで汁はスープにして

point

倍量で作る場合は…

内釜に入れる際、鶏肉と鶏肉の間にねぎを挟んですき間を作り、湯を満水ラインまで注ぐ。できれば途中で上下を返し、様子を見て保温時間を延長しましょう。

風味豊かなたれオンリーで
手軽に本格中華が完成。
強めの火力で素早く炒めて

調理時間 8分

レタスとちくわのピリ辛チャーハン

材料 （1人分）

ちくわ（細いもの。またはハムやソーセージ、チャーシューなど）……3本
卵……1個
レタス……大きめの葉 2枚程度
ごはん……1人分（200g）
よだれ鶏のたれ……大さじ 2〜好みの量
しょうゆ……小さじ 1/2
塩、こしょう……各適量
サラダ油……大さじ 2

下準備

▶レタスは大きめにちぎって氷水につけ、シャキッとさせて水気を切る。

作り方

1 ちくわは輪切りにする。卵は溶きほぐす。

2 フライパンにサラダ油大さじ1を入れ、うっすら煙が出るまで強火にかける。溶き卵を加えて半熟状になったら取り出す。

3 フライパンにサラダ油大さじ1を足し、ごはん、ちくわを入れてごはんをほぐしながら強火で炒める。パラッとしたらレタスを加えて、よだれ鶏のたれとしょうゆを鍋肌から回し入れ、塩、こしょうで味を調える。卵を戻し入れ、軽く炒め合わせる。

調理時間 8分

ピリ辛かき玉スープ

材料 （2〜3人分）

しいたけ……3枚
もやし……100g
卵……1個
A ┌よだれ鶏のたれ……大さじ 5
　 │水……500mℓ
　 └顆粒鶏ガラスープの素……小さじ 2
水溶き片栗粉（片栗粉を同量の水で溶く）……適量
小ねぎ（斜め切り）、ごま油……各適量

作り方

1 しいたけは薄切りにする。鍋にAを入れて温め、しいたけ、もやしを加えて沸騰させる。

2 水溶き片栗粉を加えてとろみをつけ、溶いた卵を流し入れてかき玉にする。ごま油をひと回しして器に盛り、斜め切りにした小ねぎを散らす。

+《プラス》 鶏ガラスープ

とろみの効果で体の芯からポッカポカ。
そうめんを加えてにゅうめんに。
おじやもOK!

保存期間 3日 冷凍で1か月

4. 麻婆のたれ

材料 作りやすい分量
（約160g ／料理レシピ１回分相当）

豚ひき肉……………………………100g
にんにく、しょうが
（それぞれみじん切り）…………各1片分
塩、こしょう ……………………各少々
豆板醤 ‥小さじ1/2〜1（少量の水で溶く）
A 甜麺醤 ……………………大さじ1
砂糖、しょうゆ、酒 ……… 各大さじ1
顆粒鶏ガラスープの素、ラー油
……………………………各小さじ1
サラダ油 ……………………………大さじ1

作り方

1 フライパンにサラダ油とにんにく、しょうがを入れて弱火にかけ、香りが立つまで炒める。

2 ひき肉を加えて中火にし、脂が出るまでしっかり炒めて豚肉の臭みをとばし、塩、こしょうをふる。

3 豆板醤を加えて焦がさないよう弱火で炒め、Aを加えて全体が混ざったら完成。冷めてから冷凍用保存袋に入れ、平らにならして冷凍もできる。

どんな味？ 香味野菜のパンチ、肉の旨み、中華調味料のこっくり味が一体になった肉みそ。辛さが苦手なら豆板醤を抜く。

何に合う？ 麻婆豆腐、麻婆なす、麻婆春雨からスープや炒めものまで。肉を増量してピリ辛肉みそにするとごはんや麺と好相性。

麻婆豆腐

調理時間 10分

材料 （2〜3人分）

豆腐（木綿）………………1丁（400g）
塩 ………………………………ひとつまみ
A 麻婆のたれ
………約160g（たれレシピ全量）
水 ……………………………………180mℓ
長ねぎ ………………………………1/2本
水溶き片栗粉（片栗粉を同量の水で溶く）
…………………………大さじ 2〜3
ごま油 ……………………………………適量
（好みで）ラー油、花椒《ホワジャオ》………各適量

下準備

▶長ねぎはみじん切りにする。
▶豆腐は角切りにする。鍋にたっぷりの湯を沸かし、塩を溶かして豆腐を加え、再沸騰するまで軽く湯通しする。

作り方

1 Aを鍋に入れて中火で温め、煮立ったら豆腐と長ねぎを加えて2分ほど煮込む。

2 弱火にして水溶き片栗粉を数回に分けて加え、へらで大きくかき混ぜるようにしてとろみをつける。とろみがついたら強火にして1分ほど煮込んで粉っぽさをとばし、ごま油をひと回しする。好みでラー油や花椒をかける。

湯通しした豆腐で味染みよく！
豆腐を炒めたなすに替えれば
麻婆なすに

+《プラス》 鶏ガラスープ

麻婆春雨スープ

調理時間 8分

材料　(2〜3人分)

- A
  - 麻婆のたれ ……約160g(たれレシピ全量)
  - 水 ……500mℓ
  - 顆粒鶏ガラスープの素 ……小さじ1/2
- 緑豆春雨 ……30g
- しいたけ ……2枚
- にら ……2〜3本
- トマト ……小1個
- ごま油、白ごま ……各少々

作り方

1. しいたけは薄切りに、にらは4〜5cm長さに、トマトはひと口大に切る。
2. 鍋にAを合わせて沸かし、春雨、しいたけを加えて火を通す。
3. 春雨が柔らかくなったら、にらとトマトを加えて火を止める。仕上げにごま油をひと回しして、器に盛り白ごまをふる。

主役級のピリ辛おかずスープはトマトが入ることでさっぱり感も。

粉チーズや溶き卵をプラスするとマイルドに

濃厚な肉みそとさっぱり野菜のコントラストが◎

混ぜごはんや、ナムルと一緒にビビンパ風にしても

ピリ辛肉みそのレタス包み

調理時間 10分

材料 （2〜3人分）

- 豚ひき肉……………………………………200g
- 麻婆のたれ…………約160g（たれレシピ全量）
- サラダ油……………………………………大さじ1
- レタス………………………………………1/2個
- かいわれ大根………………………………1/2パック
- バターピーナッツ（粗みじん切り）…………適量

下準備

▶レタスは一枚ずつはがし、氷水につけてシャキッとさせ、水気をしっかり切る。

作り方

1 フライパンにサラダ油を中火で熱し、ひき肉を入れ色が変わって少し脂が出るまで炒める。麻婆のたれを加えて炒め合わせる。

2 レタスに1のピリ辛肉みそをのせ、かいわれ大根、バターピーナッツと一緒に巻いていただく。

5. トマトソース

保存期間
5日
冷凍で
1か月

材料 作りやすい分量
（約600g ／料理レシピ３回分相当）

カットトマト缶（水煮、つぶす）
…………………1缶（400g）
玉ねぎ（みじん切り）
…………小1/2個分（100g）
セロリ（みじん切り）‥1/4本分
にんにく（みじん切り）‥‥2片分
水 ……………………… 100mℓ
オリーブオイル ……… 大さじ２
砂糖 ……………… 小さじ 1/2
塩 ………………………適量

作り方

1 フライパンにオリーブオイルとにんにくを入れて香りが立つまで弱火にかける。

2 玉ねぎとセロリを加え、塩ひとつまみをふってしんなりするまで、焦がさないよう炒める。

3 トマト缶、砂糖、水を加えてフツフツ沸く程度の火加減に落とし、10～15分煮込む。仕上げに塩で味を調えて火からおろす。冷めてから冷凍用保存袋に入れ、平らにならして冷凍もできる。

どんな味？ にんにくやセロリが隠し味。甘さと酸味のバランスが絶妙。砂糖を加えることでカドの取れた味に。

何に合う？ 肉を煮込んだり、ソテーした肉や魚、パスタ、ドリアのソースにしたりと万能。これひとつで本格イタリアンに。

チキンのトマト煮込み

調理時間 15分

材料 （2人分）

鶏もも肉 ……………………………… 1枚
玉ねぎ ……………………………… 小1個
トマトソース ……………………… 200～250g
白ワイン（または水）‥（状態を見ながら）100mℓ
ピザ用チーズ …………… 30～50g（好みで調整）
塩、こしょう ……………………………… 各適量
オリーブオイル ……………………………… 少々
（好みで）イタリアンパセリ ………………… 少々

point

▶最後にチーズを加えて煮溶かし、ソースと一体化させます。チーズとトマトソースの相乗効果でさらにコク旨！

作り方

1. 玉ねぎは薄めのくし形に切る。鶏肉は余分な脂を取り除いて、食べやすい大きさに切り、塩、こしょう各少々をふる。
2. フッ素樹脂加工のフライパンに皮目を下にして鶏肉を入れてから中火にかけ、皮目に香ばしく焼き色がついたら裏返す。玉ねぎを加えて軽く炒める。
3. トマトソースを加えて煮立ったら弱火にし、5分煮込む。水分が蒸発して焦げつきそうになったら、白ワインを足す。
4. ピザ用チーズを加えて溶かし、塩、こしょうで味を調える。仕上げにオリーブオイルをひと回しして完成。好みでイタリアンパセリを添える。

仕上げのチーズでまろやかに味をまとめ
子どもも喜ぶ味わいに。
鶏むね肉やミートボールで作るのもおすすめ

さばとブロッコリーのドリア

調理時間 5分
（焼き時間除く）

材料　（2人分・18cm程度のグラタン皿1枚分）

さば缶（みそ煮）……………………………1缶（固形量120g）
ブロッコリー ………………………………………………1/2株
A ┌温かいごはん ……………………………………………200g
　 └バター ………………………………………………………10g
トマトソース ………………………………大さじ4〜好みの量
ピザ用チーズ、塩、こしょう、オリーブオイル …………各適量

下準備

▶ブロッコリーは小さめの小房に分け、塩ゆでする。
▶Aを混ぜ合わせて塩、こしょうで薄味に調える。
▶トマトソースとさば缶の缶汁を混ぜる。缶汁の量で味を加減する。
▶耐熱皿にバター（分量外）を薄く塗る。

作り方

耐熱皿にAのバターライスを敷き広げ、大きめにほぐしたさばを並べて缶汁を混ぜたトマトソースをかける。ブロッコリーを散らし、ピザ用チーズとオリーブオイルをかける。チーズが溶けて香ばしい焼き色がつくまで、オーブントースターで焼く。

+《プラス》 さば缶

ストック食材を重ねて
焼くだけの簡単レシピ。
トマトと相性のよいみそ煮缶を使って

シンプルで奥深いアラビアータも
作り置きトマトソースで時短＆プロの味！

+《プラス》 とうがらし

ペンネアラビアータ

調理時間 15分

材料　（1人分）

スライスベーコン ……………………………………………2枚
ペンネ ……………………80g（またはスパゲッティ100g）
トマトソース ………………………………………180〜200g
赤とうがらし（種を取り除く）………………………………1本
オリーブオイル …………………………………………大さじ1/2
（好みで）パルミジャーノ・レッジャーノ（または粉チーズ）
　……………………………………………………………適量

作り方

1 たっぷりの熱湯に塩（分量外）を加え、ペンネを袋の表示時間通りにゆでる。ベーコンを1cm幅に切る。

2 フライパンにオリーブオイルとベーコンを入れて中火にかける。ベーコンに焦げ目がついたら赤とうがらしを加えて軽く炒め、トマトソースを入れて温める。

3 ゆで上がったペンネを加え、フライパンをあおりながら全体にからめる。仕上げにオリーブオイルをひと回しし、器に盛りつける。好みでパルミジャーノ・レッジャーノをかけて完成。

作り置き

極上だれ5つのヒント

味のブレなく、よりスムーズにたれを作るためのコツをご紹介。
“おいしいけれど、作り方はシンプル”にこだわった
理想の味へ“秒”でたどりつけるヒントをお伝えします。

1 計量は正確に

できあがりの味のバランスを大きく左右する、調味料の量り方。誤差が出てしまわないよう、この本のルールとする計量の仕方を覚えましょう。まずはレシピの分量通りにきちんと量って味を確かめた上で、お好みに合わせて加減をしてください。

大さじ1の場合

まずは計量スプーンでふんわりと調味料をすくう。この段階では山盛りになっていてＯＫ。

きちんとすり切って

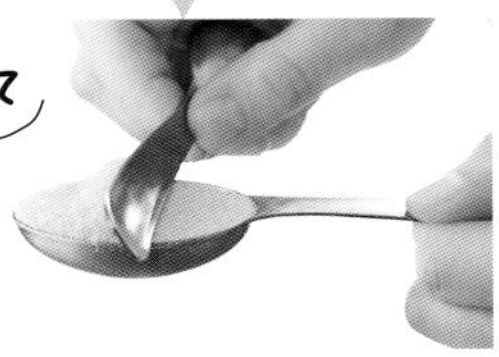

すり切り棒やスプーンの柄で平らにならし、余分な調味料を落とす。小さじ1を量るときも同様に。

大さじ1／2スプーンが便利

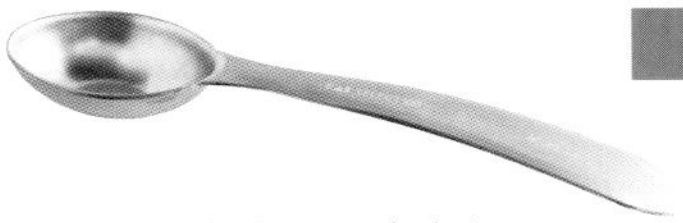

大さじ、小さじスプーンの他、大さじ1/2スプーンがあると、1/2杯を量るときに迷いがなく重宝します。

大さじ1/2の場合

大さじ1をすり切って量った後、すり切り棒やスプーンの柄で横半分をかき出す。液体の場合は、深さ2/3までが1/2杯の目安。

液体大さじ1の場合

表面張力で盛り上がらないよう、真横から見たときに平らになるところまで注ぐ。

2 多めに作る場合は倍量にしてＯＫ

家族の人数が多かったり、同じたれで複数の料理を作る場合は、たれの材料をそのまま２倍、３倍……と掛け算して作っても問題ありません。大量に作る場合は、液体調味料を計量カップより正確に量れるスケールを使って量る方法も。水、酒、酢は大さじ１＝15g、しょうゆ、みりん、オイスターソースは大さじ１＝約18gになります。

3 混ぜる順番が効率化のカギ

基本的には調味料を混ぜるだけのたれですが、順番を意識すると、混ざりやすさが段違い！ 「固いものから順に混ぜていく」だけのシンプルなルールなので、覚えておいて損はありません。

固めの調味料

まずはみそやコチュジャンなど、“どろり”とした固めの調味料をカップやボウルへ。

▼

砂糖やソース系

次に砂糖やオイスターソース、スイートチリソースなど濃度のあるものを加える。砂糖には、固い調味料をゆるませる働きがあるので、最初より扱いやすくなるはず。

▼

液体の調味料

ゆるみ始めたところに、酒やしょうゆなどの液体調味料を。固めの調味料に最初から加えるよりなじみやすく、少し混ぜるだけで全体が均一に。結果的に時短を実現！

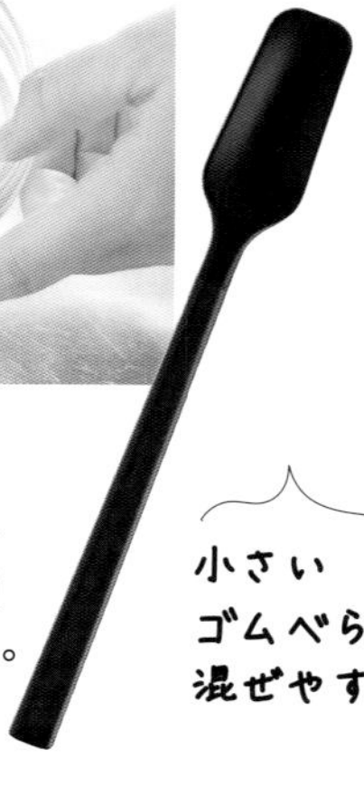

たれを混ぜるときは、力を込めやすく、容器の形状に沿い、ムダなくぬぐうことができる、小さいゴムべらが便利。おすすめは、無印良品のシリコーンジャムスプーン。

小さい
ゴムべらが
混ぜやすい！

4 保存期間の大まかな目安は「調味料オンリー」と「野菜入り」の2パターン

各レシピに保存期間を記載していますが、基本的には大きく2パターン。調味料だけの場合は長持ちしますが、野菜など傷みやすい食材が入っている場合は早めに使いきるようにしましょう。

調味料オンリー

冷蔵庫で 2週間〜1か月

酒やしょうゆ、みりんなどの調味料だけを混ぜ合わせたたれは、各調味料が保存できるのと同じように、たれにしてもわりと長持ち。ただし、甘酢だれなどの酢が入っているたれは、時間の経過で酸味が飛んでしまうので、保存期間を短くしています。

野菜入り

冷蔵庫で 3〜7日間

にらだれポン酢や新玉ねぎポン酢、トマトめんつゆなどの野菜が入ったたれは、野菜の鮮度が落ちたり、水分が抜けすぎたりするので、保存は最長1週間としています。

麻婆だれやナポリタンソースなどの具だくさん系なら、冷凍保存も可能！

5 作ったたれは計量前によく混ぜて

極上だれを料理で使用するときは、一度全体をよく混ぜてから計量しましょう。作ってから時間が経つと上澄みと下のほうで濃度が異なっていることがあるので、味を均一にした上で量ることをおすすめします。これが、極上だれの本領発揮につながりますよ。

第2章

極上和だれ

シンプルだからこそ、奥が深い和食の味つけ。甘みや塩分、酸味や風味が絶妙に配合された和だれさえあれば、小料理屋さんのようなこなれた味に！

保存期間 1か月

しょうゆだれ

材料 作りやすい分量

（約150mℓ／
料理レシピ1回分相当）

しょうゆ …………… 大さじ4
みりん ……………… 大さじ2
酒 …………………… 大さじ2
砂糖 ………………… 大さじ2

作り方 全ての材料を混ぜ合わせる。

どんな味？ 和食の基本、甘辛しょうゆ味の黄金比率！　砂糖とみりんの奥深い甘み、酒の上品な風味もベストなバランス。

何に合う？ 肉じゃが、筑前煮などから、しょうがを加えれば煮魚にもマッチ。肉そぼろやきんぴらなどの炒め物もOK。

point

深めのフライパンで煮ると、具材が重ならず煮崩れ防止に。牛切り落とし肉や鶏もも肉、鶏むね肉のそぎ切りで作っても。たれに安定感があるから、ざく切りトマトを加えたトマト肉じゃがや、肉をウインナーソーセージにしてカレー粉を加えたカレー肉じゃがへアレンジしても、味が決まる！

濃さも甘みも味染み具合もちょうどいい、理想形が簡単に！

味付けに迷いがないと、いじりすぎによる煮崩れ防止にも

肉じゃが

調理時間 20分

材料 (2〜3人分)

豚バラ薄切り肉 ………… 200g
じゃがいも …… 大2個(400g)
玉ねぎ …………………… 1個
にんじん ………………… 1本
しょうゆだれ
…約150mℓ(たれレシピ全量)
だし …………… 450〜500mℓ
絹さや ………………… 5枚
サラダ油 ………… 大さじ1

作り方

1 じゃがいもは皮をむいてひと口大、玉ねぎは大きめのくし形、にんじんは乱切りにする。絹さやは筋を取り除き、斜め半分に切る。豚肉は1枚を長さ3〜4等分程度に切る。

2 フライパンにサラダ油を熱し、豚肉の色が変わるまで炒める。

3 じゃがいも、玉ねぎ、にんじんを加えて油が全体に回ったら、しょうゆだれとだしを加えてひと煮立ちさせる。アクが出たら取り除き、落としぶたをして弱火で10分程度煮込む。火が通ったら絹さやを加え、2〜3分煮て火を通す。

調理時間5分（炊飯時間を除く） いわしの梅煮

プラス＋梅干し・しょうが

材料　（2〜3人分）

真いわし（20cm以下）……………………4〜5尾

A
- しょうゆだれ……約150mℓ（たれレシピ全量）
- 梅干し（減塩またははちみつ梅）……中3個
- しょうが（薄切り）…………………4枚
- 水……………………………………100mℓ
- はちみつ……………………………大さじ1
- 酢……………………………………大さじ2

下準備

▶いわしは頭を落として内臓とウロコを取り除き、水でしっかりと洗い流して水分をふき取る。

作り方

炊飯器の内釜にオーブン用シートを敷き、いわしをなるべく重ならないように並べる。Aを加えてさらにオーブン用シートをかぶせ、その上に落としぶたをして玄米炊きで炊飯する。

手間がかかる煮魚も炊飯器でラクラク。
味がしっかり染みた煮崩れ知らずのレシピです

意外と奥が深い鶏そぼろ。
じっくり炒めればお弁当屋さんのような
細かな仕上がりに

お弁当屋さんの鶏そぼろ　調理時間10分

プラス＋しょうが

材料　（2〜3人分）

鶏ももひき肉……………………200g

しょうゆだれ
…………約70mℓ（たれレシピ半量）

しょうがの搾り汁……………小さじ1

（好みで）ごはん、三つ葉、白ごま…各適量

作り方

1. 全ての材料を合わせて小鍋に入れ、よく混ぜ合わせる。中火にかけ、6〜8本のはしを束ねて持ち、かき混ぜながら水分がなくなるまで炒る。全体が細かいそぼろ状になったら完成。
2. 丼にする場合は、器にごはんをよそった上に鶏そぼろをのせ、三つ葉と白ごまを飾る。

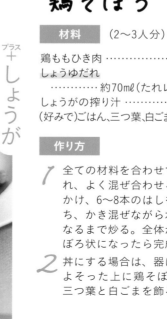

保存期間 2週間

みそだれ

材料 作りやすい分量

（約大さじ7／料理レシピ1回分相当）

みそ	大さじ3
砂糖	大さじ2
酒	大さじ1
みりん	大さじ1

作り方 全ての材料を混ぜ合わせる。

どんな味？ みりんのこっくりした甘みとみそのコクが重なる濃厚味。加熱すると濃度が増して、食材によくからみます。

何に合う？ みその香りが立ったこってり味が、青魚や豚バラ肉など個性ある食材に◎。煮物、炒め物、焼き物と幅広く活躍。

さばのみそ煮

調理時間 15分

材料 （3人分）

さば（切り身）	3切れ
みそだれ	大さじ7（たれレシピ全量）
A 酒	80mℓ
A 水	150mℓ
A しょうが（薄切り）	1片分（10g）
（好みで）ししとう（焼く）	適量

下準備

▶さばは皮に十字に切り目を入れ、熱湯を両面にかけて水で洗い、丁寧に血合いを取る。
▶みそだれから大さじ1を取り分ける。

作り方

1. さばが並ぶサイズのフライパンか鍋に、みそだれ大さじ6とAを入れてひと煮立ちさせ、皮目を上にしてさばを入れる。
2. 落としぶたをして煮汁が沸く程度の火加減に落とし、煮汁が半量になるまで8〜10分煮詰める。
3. 残りのみそだれ大さじ1を加え、皮目に煮汁をかけながらゆるくとろみがつくまで煮詰める。器に盛り、好みでししとうを添える。

とろりと照りのあるたれがコク深く、柔らかなさばにぴったり。

最後の“追いみそ”が香りよく仕上げる秘訣

調理時間 15分

回鍋肉《ホイコーロー》

＋《プラス》 豆板醤・にんにく

材料 (2〜3人分)

豚バラ薄切り肉 …… 150g
キャベツ ………… 1/8個
長ねぎ …………… 1/2本
ピーマン …………… 2個
にんにく(薄切り) …… 1片分
A ┌ みそだれ ……… 大さじ3 1/2（たれレシピ半量）
　└ 豆板醤 …… 小さじ 1/2
サラダ油 ………… 大さじ 1
塩、こしょう ……… 各少々
ごま油 ………………… 適量

下準備

▶キャベツはひと口大に切り、サラダ油少々(分量外)を入れた熱湯でしんなりとするまでゆでて水気を切る。

作り方

1 長ねぎは5mm厚さの斜め薄切りにする。ピーマン、豚肉はひと口大に切る。

2 フライパンにサラダ油をひき、中火でにんにくを炒め香りを出す。豚肉を重ならないように広げ入れ、色が変わるまで炒める。

3 長ねぎとピーマンを加え、軽く炒める。

4 混ぜ合わせたAとキャベツを加えて全体を炒め合わせる。塩、こしょうで味を調える。仕上げにごま油をひと回しして完成。

豆板醤とにんにく入りのパンチある味が
豚バラにマッチ。
豆板醤の量は好みで加減を

みそとチーズでダブルのコクを!
厚揚げを下焼きすると中まで温まり
香ばしさがアップ

厚揚げのみそチーズ焼き

調理時間 10分

＋《プラス》 チーズ

材料 (2〜 3人分)

絹厚揚げ ………………… 2枚(300g)
みそだれ ………………… 大さじ2〜3
ピザ用チーズ ……… 50g〜好みの量
小ねぎ(小口切り)、白ごま …… 各適量

下準備

▶厚揚げは熱湯をかけて油抜きする。

作り方

1 厚揚げは1.5cm幅に切り、予熱したオーブントースター(または魚焼きグリル)で軽く焦げ目がつくまで両面焼く。

2 みそだれを塗ってチーズをのせ、焦がさないように焼く。

3 器に盛り、たっぷりの小ねぎと白ごまを散らす。

保存期間 5日

甘酢だれ

材料 作りやすい分量
（約200mℓ／料理レシピ２回分相当）

酢……………………………大さじ4
砂糖…………………………大さじ4
しょうゆ……………………大さじ4
みりん………………………大さじ2
酒……………………………大さじ1

作り方 全ての調味料を合わせて一度沸かし、冷ます。

どんな味？ まろやかな酸味の甘めの配合だから、酢が苦手な人でもむせることなく食べやすい味。酒やみりんの風味が加わり、奥行きある味わいに。

何に合う？ さけやアジ、シシャモ、豚こま唐揚げの南蛮漬けや、甘酢きんぴら、甘酢あんに。ケチャップを加えてとろみをつければ、甘めの酢豚のようなあんに。

シシャモもおすすめ！

〝さっぱり〟と〝コク旨〟をいいとこどり！
野菜の水分で水っぽくならないバランスです

調理時間 15分（漬け時間を除く）

さけの南蛮漬け

材料（2～3人分）

生さけ……………………………………3切れ
A ┌カレー粉………………………小さじ1/2～1
　 └薄力粉…………………………大さじ1 1/2
玉ねぎ……………………………………1/2個
にんじん…………………………………1/2本
B ┌甘酢だれ………約100mℓ（たれレシピ半量）
　 │だし……………………………………大さじ3
　 └赤とうがらし（小口切り）………1～2本分
塩、こしょう……………………………各少々
サラダ油…………………………………小さじ2

下準備

▶さけは皮を取り除いて食べやすい大きさに切る。塩、こしょうをふり、合わせたAを薄くまぶす。
▶Bを合わせて沸騰直前まで温める。

作り方

1. 玉ねぎは薄切り、にんじんはせん切りにする。フライパンにサラダ油をひいて中弱火で熱し、さけを両面焼く。
2. 密閉容器に玉ねぎ、にんじん、さけを入れ、粗熱を取ったBを加えて漬ける。
3. 粗熱が取れたら冷蔵庫で最低3時間、できればひと晩漬けて完成。途中で上下を返すと、味が全体に行き渡る。

調理時間 10分

甘酢きんぴら

材料 (2〜3人分)

ごぼう(またはれんこん、うど)‥1/2本(正味150g)
にんじん ……………………………1/2本(80g)
甘酢だれ ……………………… 大さじ3 1/2〜4
サラダ油 ……………………………… 大さじ1
ごま油、白ごま ……………………………各少々

作り方

1 ごぼうとにんじんは大きめのささがきにする。ごぼうは水にさらし、水気を切る。
2 サラダ油をひいて熱したフライパンで1を炒める。
3 ある程度火が通ったところで甘酢だれを加え、水分をとばすように強めの中火で炒める。仕上げにごま油で香りづけし、白ごまをふる。

火を通した酢がマイルドで
王道きんぴらよりさっぱり。

好みで小口切りのとうがらしを加えても

アツアツの甘酢あんとカラフル野菜が食欲を刺激。
唐揚げのごちそう感がぐんとアップします

point
Aにトマトケチャップ小さじ1〜2を加えると、子どもも食べやすい酢豚のような味になります。

調理時間 15分 (漬け時間除く)

唐揚げの甘酢あんかけ

材料 (2人分)

鶏の唐揚げ(P92のレシピ参照。市販品、たら・さけの唐揚げなら5〜6個) ……… 鶏もも肉1枚分
かぼちゃ ……………………………… 薄切り5枚
ししとう ………………………………………5本
赤パプリカ …………………………………1/8個
A 甘酢だれ ……………………………大さじ4
A 水 …………………………………………120mℓ
A 片栗粉 …………………………………小さじ2
揚げ油 ………………………………………適量

下準備

▶ししとうはようじで穴を開け、パプリカは乱切りにする。かぼちゃとともに素揚げする。

作り方

1 小鍋にAを入れて混ぜながら中火にかける。とろみがついてからさらに1分加熱する。
2 唐揚げと素揚げした野菜を器に盛り付け、1の甘酢あんをかける。

調理時間 5分

ほうれん草のごま和え

材料　(2〜3人分)

ほうれん草(または小松菜)
…………………… 1束(200g〜250g)
ごま和えのたれ
………… 大さじ3(たれレシピ全量)

point
ほうれん草は束によって正味量が異なるので、重さを目安に量を調整して。

作り方

1 ほうれん草は根の先だけを切り落とし、根元に十字に切り込みを入れて水の中でよく泥を洗い流す。湯を沸かし、好みの固さにゆでて冷水にとる。冷めたら水気をしっかり絞る。

2 食べやすい大きさに切ったほうれん草を、ごま和えのたれで和える。

香ばしさが格別のほっこり落ち着く和惣菜。

水っぽくならないよう
野菜の水気をしっかり絞るのがポイントです

保存期間 1週間

ごま和えのたれ

材料　作りやすい分量
(約大さじ3／
料理レシピ1回分相当)

白ごま(または黒ごま)
…………………… 大さじ2
しょうゆ ………… 大さじ1/2
A みりん ……… 大さじ1/2
A 砂糖 ……… 大さじ1/2

下準備
▶ごまはフライパンで炒って冷ます。
▶Aは耐熱容器に合わせて電子レンジで10〜20秒ほど加熱し、みりんのアルコール分をとばす。

作り方
ごまは半分ほど粒が残るまですり、調味料と混ぜ合わせる。

どんな味?
ごまの風味がふわっと立つ甘じょっぱ味。ごまの香ばしさを引き出すため、炒りたてを半ずりにして使います。

何に合う?
ほうれん草などの青菜はもちろん、ゆでたさやいんげん、ブロッコリー、里芋などアレンジ自在。白和えも作れます。

ささみとしいたけのごまマヨ炒め

調理時間 8分

プラス＋マヨネーズ

マヨネーズをプラスしたごはんが進むガッツリ系。

片栗粉をまぶせばしっとり仕上がります

材料 (2～3人分)

ささみ……3本

しいたけ……4枚

A ごま和えのたれ……大さじ1 1/2(たれレシピ半量)

A マヨネーズ……大さじ2

サラダ油……大さじ1 1/2

塩、こしょう……各少々

片栗粉、白ごま、小ねぎ(斜め切り)……各適量

下準備

▶ささみは筋を取って4等分程度のそぎ切りにする。軽く塩、こしょうをまぶし、薄く片栗粉をまぶす。

▶しいたけは7～8mm厚さの斜め薄切りにする。

作り方

1 中火で熱したフライパンにサラダ油をひき、ささみを並べる。焼き色がついたら裏返してふたをし、弱火で2分蒸し焼きにする。

2 しいたけを加えて全体に油が回ったら、Aを加えて炒め合わせる。器に盛り、白ごまと小ねぎを散らす。

意外にもチーズと白和えは相性抜群！

好みでゆずこしょうを混ぜると爽やかさがアップ

チーズとにんじんの白和え

調理時間 8分

プラス＋豆腐

材料 (2人分)

A 豆腐(絹ごし)……小1丁(150g)

A ごま和えのたれ……大さじ2～3

にんじん……1本

プロセスチーズ……3個

下準備

▶豆腐はペーパータオルを2枚重ねて巻き、電子レンジで2分半～3分加熱して水切りし、冷ます。

▶にんじんはせん切りにして固めにゆでで、水気を切って冷ます。

作り方

Aを混ぜ合わせて和え衣を作り、にんじんと角切りにしたプロセスチーズを和える。

column 1

ごはんのお供

白飯泥棒勢揃い！ 冷蔵庫に常備しておけば、白いごはんにのせるだけでぜいたくな気分に。

ピリ辛&プチプチ食感で
なめたけがランクアップ

保存期間 1週間

明太なめたけ

材料 （作りやすい分量）

なめたけ（市販）……………120g
明太子……………1/2腹（50g）

作り方

ほぐした明太子となめたけを混ぜ合わせ、電子レンジで1分半加熱する。明太子に火が通ったら完成。

Arrange

明太子をたらこにしたり、ラー油をプラスしても。バターとともにパスタに和えたり、パンに塗るのもおすすめ。

湯気にのってバターの香りがふわり
磯の風味と相性抜群

保存期間 2週間

佃煮バター

材料 （作りやすい分量）

海苔の佃煮（市販）……………150g
無塩バター……………30g

作り方

電子レンジで加熱し溶かしたバターの粗熱を取り、佃煮と混ぜ合わせる。

Arrange

パンに塗って、チーズをのせても。

保存期間 2週間

ほっくり甘いにんにく、
梅とおかかのダブルの旨みに悶絶！

にんにくおかかみそ

材料 （作りやすい分量）

にんにく……………1玉（60g〜好みの量）
A かつお節……………8g
A 梅肉（チューブ。または減塩の梅干し）……………大さじ2
A しょうゆ、みりん、砂糖…各小さじ1
ごま油……………小さじ2

作り方

1 にんにくは根を落として皮をむき、大きなものは縦半分に切って厚みをそろえる。
2 小鍋にごま油とにんにくを入れて弱火にかけ、にんにくが簡単につぶれるようになるまで焦がさないようじっくり火を入れる。
3 Aを加えて全体になじませるように混ぜ、火からおろす。

Arrange

ごはんに混ぜておにぎりにしても。

ごはんは真っ白なキャンバス。"何味"にも染められる……！

第3章

極上洋だれ

アメリカンダイナー、喫茶店、ビストロ、トラットリア……憧れの味を自宅で再現すべく、試行錯誤の末に生まれた魔法のたれ。名店の味が我が家に！

カレー粉を加えてさらにスパイシーに。

ちょっと焦げたくらいの焼き加減が◎。

焼き上がりの香りがたまらない！

調理時間 30分（漬け時間除く）

ポークスペアリブ

材料（3～4人分）

ポークスペアリブ …………8～10本
Ａ ┌バーベキューソース
　 │　……135mℓ（たれレシピ全量）
　 └カレー粉 ………小さじ1/2～1
塩、こしょう ………………… 各少々
ミニトマト、ズッキーニ、
玉ねぎ、じゃがいも ………… 各適量
オリーブオイル ………………… 適量

下準備

▶スペアリブに塩、こしょうをふり、保存袋に入れる。Ａを加えてもみ込み、冷蔵庫で2時間～ひと晩漬ける。

作り方

1 オーブン用シートを敷いた天板にスペアリブを並べ、210℃に予熱したオーブンで20分焼く。ズッキーニ、玉ねぎ、じゃがいもをひと口大に切る。じゃがいもは下ゆでする。

2 スペアリブを20分焼いたら一度取り出し、保存袋に残ったたれを塗る。野菜をすき間に並べてオリーブオイルをかける。再度オーブンで焦げ目がつくまで10分ほど焼く。

point

肉にたれで下味をつけて時間をおき、オーブンで焼くだけ。たれを合わせたら、外側からよくもみ込んで味をなじませて。

アメリカンダイナーの
バーベキューソース

保存期間 2週間

材料 作りやすい分量
（約135mℓ／料理レシピ1回分相当）

トマトケチャップ ……………… 大さじ3
中濃ソース ……………………… 大さじ3
はちみつ ………………………… 大さじ2
しょうゆ ………………………… 大さじ1
おろしにんにく ………………… 1片分

作り方 全ての材料を混ぜ合わせる。

どんな味？ コク深い甘み、中濃ソースのスパイシーさなどが複雑に重なった濃厚味。はちみつには肉を柔らかくする働きも。

何に合う？ 肉を漬け込んでオーブン焼きに。煮込みハンバーグのソースに、カレー粉やコチュジャンを加えて味変しても。

調理時間 20分（漬け時間除く）

プラス ＋ コチュジャン

韓国風手羽先のオーブン焼き

ビールのおつまみに最高なピリ辛味。

切り込みを入れて、味染みと火の通りをよくして

材料　(2〜3人分)

鶏手羽先 ……………………10本

A
- バーベキューソース ････135mℓ(たれレシピ全量)
- コチュジャン ……………大さじ1 1/2〜2

塩、こしょう ……………各少々

下準備

▶鶏手羽先は骨のあいだに包丁で切り込みを入れ、塩、こしょうをふる。

▶鶏手羽先を保存袋に入れ、よく混ぜ合わせたAをもみ込み、冷蔵庫で2時間以上漬ける。

作り方

オーブン用シートを敷いた天板に手羽先を並べ、210℃に予熱したオーブンで10分焼く。取り出して保存袋に残ったたれを塗り、再度焦げ目がつくまで10分ほど焼く。

調理時間 20分

煮込みハンバーグ

ソースに肉汁&きのこが加わり旨みは最高潮。

冷やしながらこねて肉汁を閉じ込めて

材料　(2〜3人分)

合いびき肉 ………………300g

玉ねぎ …………1/2個(100g)

A
- パン粉 …………大さじ4
- 牛乳 ………大さじ2 1/2

卵 ……………………1/2個

塩、こしょう …………各適量

(あれば)ナツメグ ………少々

しめじ(またはまいたけ、マッシュルーム。ほぐす) ……………1/2パック

B
- バーベキューソース ……………200mℓ
- 白ワイン ････大さじ2
- 水 …………大さじ2

サラダ油 ………大さじ1

バター ………………10g

(好みで)フライドポテト、ゆで野菜……各適量

下準備

▶玉ねぎをみじん切りにし、サラダ油(分量外)をひいて透き通るまで炒めて冷ます。

作り方

1. ボウルにひき肉を入れて塩、こしょう、あればナツメグを加え、ボウルの底を氷水で冷やしながら、ねばりが出るまでしっかり練り混ぜる。
2. 炒め玉ねぎ、A、卵を加えてさらによくこねる。
3. 手にサラダ油(分量外)を塗り、❷を3〜4等分にして空気を抜きながら成形し、中央をへこませる。
4. サラダ油をひいて中火で熱したフライパンに❸を並べ、2分半〜3分焼く。焼き色がついたら裏返し、弱火にしてふたをする。さらに5分ほど蒸し焼きにする。
5. ハンバーグを取り出し、肉汁をふき取る。Bを入れてひと煮立ちさせ、しめじを加えて火を通す。バターを溶かしハンバーグを戻し、軽く煮込んだら完成。器に盛り、好みでフライドポテト、ゆで野菜などを添える。

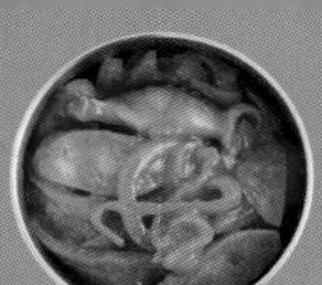

保存期間 5日 冷凍で1か月

喫茶店のナポリタンソース

材料 作りやすい分量
(約450g／料理レシピ5回分相当)

ウインナーソーセージ …………5本
玉ねぎ …………………1/2個(100g)
しいたけ(またはマッシュルーム)
……………………………………4枚
A ┌トマトケチャップ ………200mℓ
　 └おろしにんにく ……… 小さじ2
バター …………………………20g
B ┌塩 ………………… 小さじ1/2
　 │顆粒コンソメ ……… 小さじ1/2
　 └ウスターソース ……… 小さじ1
オリーブオイル …………… 大さじ1

作り方

1 玉ねぎとしいたけは5mm幅の薄切りに、ソーセージは斜め薄切りにする。

2 フライパンにオリーブオイルを熱して玉ねぎ、しいたけ、ソーセージを軽く炒める。

3 Aを加え、軽く煮詰める。

4 バターを加えて溶かし、Bを加えて味を調える。冷めてから冷凍用保存袋に入れ、平らにならして冷凍もできる。

どんな味？ 甘酸っぱいケチャップに、ウスターソースでフルーティさをプラス。コンソメやソーセージの旨みと風味も。

何に合う？ 具材が入った"食べるソース"だから、パスタ、ごはん、パンなどの炭水化物と合わせるだけで一品に！

調理時間 10分

ナポリタン

材料 (1人分)

ナポリタンソース …………………… 大さじ4〜5
ピーマン ……………………………………1/2個
スパゲッティ ………………………………100g
塩、こしょう、サラダ油 …………………各少々
(好みで)パセリ(みじんの切り)、粉チーズ … 各適量

作り方

1 ピーマンを薄切りにする。たっぷりの熱湯に塩(分量外)を加えて、スパゲッティをやわらかめにゆでる。

2 フライパンにサラダ油を熱してピーマンを軽く炒め、ナポリタンソースを加えて温める。

3 ゆで上がったスパゲッティを加えて全体を合わせる。ソースがからみにくければゆで汁を少々加える。塩、こしょうで味を調えて器に盛り、好みでパセリと粉チーズをふる。

喫茶店の味を完全再現！
フレッシュな香りと食感を残したいピーマンは
ソースに入れずこのタイミングで in

調理時間 3分

ケチャップライス

お弁当にもぴったりな
具だくさんごはんがあっという間に。
水分を飛ばし気味に炒めて

材料 （1人分）

- A
  - ナポリタンソース ……大さじ4〜好みの分量
  - ホールコーン缶（または冷凍） ……大さじ2
  - グリーンピース缶（または冷凍）……大さじ1
- ごはん ……1人分（200g）
- サラダ油 ……適量
- 塩、こしょう ……各少々

作り方

フライパンにサラダ油をひいて中火で熱し、ごはんを入れてほぐす。Aを加えて炒めながら全体を温め、塩、こしょうで味を調える。

調理時間 5分

ピザトースト

材料 （1人分）

- ナポリタンソース ……大さじ2〜3
- ピーマン ……1/2個
- 食パン（好みの厚さ）……1枚
- ピザ用チーズ ……適量

作り方

1 ピーマンは薄切りにする。

2 食パンにナポリタンソースを塗ってピーマンを並べ、ピザ用チーズをかける。オーブントースターでチーズが溶けるまで焼く。

起き抜けの頭で
何にも考えずに作れるほど簡単

トーストが一気に
ごちそうへ大変身

point
食パンをピザ生地に替えれば、ピザも作れます。

調理時間 15分

ポークソテーマスタードクリームソース

材料 (2人分)

豚ロース肉 ………………… 2枚(薄いものなら4枚)
マッシュルーム ………………………………………… 5個
A ビストロの粒マスタード …… 大さじ2〜2 1/2
A 生クリーム ……………………………… 100mℓ
A 白ワイン ……………………………………… 大さじ1
オリーブオイル ……………………………… 大さじ1 1/2
塩、こしょう、薄力粉 ………………………… 各適量

作り方

1 豚ロース肉は筋切りし、塩、こしょうと薄力粉を薄くまぶす。Aを混ぜ合わせる。

2 フライパンにオリーブオイル大さじ1を熱し、中火で豚肉の両面を3〜4分ずつ焼いて、器に盛る。

3 ❷のフライパンにオリーブオイル大さじ1/2を熱し、マッシュルームを軽く炒める。Aを加えて沸かし、塩、こしょうで味を調え、❷の豚肉にかける。

酸味、甘み、濃厚さがからみ合ったビストロ級の味。
ソースの一滴までパンでぬぐうほどおいしい!

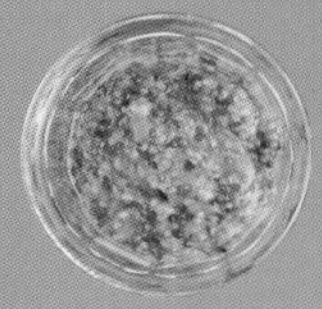

保存期間 1か月

ビストロの粒マスタード

材料 作りやすい分量
(約150g／料理レシピ5回分相当)

粒マスタード ………… 1瓶(100g)
玉ねぎ ……………… 1/4個(50g)
オリーブオイル …………… 大さじ1
水 ……………………… 大さじ1/2
砂糖(あればメープルシュガー)
…………………… 小さじ1 1/2
塩、こしょう ……………… 各少々

作り方

1 玉ねぎを細かいみじん切りにする。オリーブオイルをひいたフライパンに玉ねぎと塩ひとつまみを入れ、あめ色になるまで焦げないよう弱火で炒める。

2 あめ色になったら水を加え、フライパンの焦げをこそげ取って火から下ろす。

3 粒マスタードに冷ました❷と砂糖を入れて混ぜ、塩、こしょうで味を調える。

どんな味? 粒マスタードの辛みや酸味に、あめ色玉ねぎのコクと甘みが調和。メープルシュガーを使うとよりコクが出ます。

何に合う? ワンランク上のマスタードとして、ソーセージや肉、魚、野菜のソテーに添えて。調味料を加えたアレンジも◎。

調理時間 10分

ブロッコリーのマスタードソテー

+《プラス》 マヨネーズ

マヨネーズでコクをプラス!
おつまみやお弁当に。
ブロッコリーは固めにゆでるのが正解

材料 (2人分)

ブロッコリー …………… 1/2株(200g程度)
スライスベーコン ……………………… 2枚
A ビストロの粒マスタード …………………… 大さじ1 1/2〜2
A マヨネーズ ………… 大さじ1〜1 1/2
オリーブオイル、塩、こしょう ……… 各適量

下準備

▶ブロッコリーは小房に分けて固めに塩ゆでする。

作り方

1. ベーコンは1.5cm幅に切る。Aを混ぜ合わせる。
2. フライパンにオリーブオイルを熱し、ベーコンを軽く炒める。
3. ブロッコリー、Aを加えて全体になじんだら、塩、こしょうで味を調える。

調理時間 15分

チキンソテー ハニーマスタードソース

+《プラス》 はちみつしょうゆ

材料 (1〜2人分)

鶏もも肉 …………………… 1枚
A ビストロの粒マスタード ………… 大さじ1 1/2
A はちみつ ……… 大さじ2
A 白ワイン ……… 大さじ1
A しょうゆ ……… 大さじ1
片栗粉 ………………… 適量
塩、こしょう、サラダ油 … 各少々

作り方

1. 鶏肉は余分な脂を取り除き、厚みのある部分は開く。軽く塩、こしょうをふって片栗粉をまぶす。
2. 冷たいフライパンにサラダ油をひいて鶏肉を皮目を下にして並べ、中火で2分ほど焼く。香ばしい焼き色がつき皮がパリッとしたら、裏返してふたをし、弱火でさらに3〜4分蒸し焼きにする。
3. 一度火を止め余分な脂をふき取り、Aを加えて再び中火にかける。ソースを煮詰めながら全体にからめて完成。

甘じょっぱいソースがやみつきに。
旨みを逃がさず、香ばしく焼ける方法にご注目!

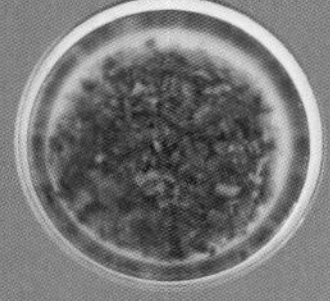

保存期間 1か月

トラットリアのアンチョビソース

材料 作りやすい分量
（約大さじ８／
料理レシピ５回分相当）

アンチョビ（フィレ）…… 10枚
にんにく（みじん切り）‥3片分
A
- オリーブオイル　大さじ4
- アンチョビのオイル ……………… 大さじ1

作り方

1. アンチョビは粗く刻む。フライパンにAとにんにくを入れ、弱火で焦がさないようじっくりと炒める。
2. アンチョビを加えて全体にフツフツとし、香りが立ったら完成。

どんな味？
かたくちいわしの塩漬け、アンチョビの濃厚な味わいににんにくの風味がマッチ。オイルも無駄なく使います。

何に合う？
パスタソースやドレッシング、野菜ディップ、ソテーした白身魚のソースに。オイルが固まったら温めて使って。

調理時間 15分

ブロッコリーのフジッリ

材料 （1人分）

ブロッコリー（小房に分ける）…………………… 4個
フジッリ ………… 80g（またはスパゲッティ100g）
アンチョビソース ……………… 大さじ1 1/2〜2
赤とうがらし（種を取り除く）…………………… 1本

作り方

1. たっぷりの熱湯に塩（分量外）を加えてフジッリを袋の表示時間通りにゆでる。ブロッコリーをざるに入れ、同じ鍋で柔らかめにゆでる。
2. フライパンにブロッコリーを入れてへらでつぶす。アンチョビソースととうがらしを加えて火にかけ、フツフツしたところに湯を切ったフジッリを入れて全体を和える。

シンプルな中にも奥深い味わいが。
崩したブロッコリーもソースの一部にして
ねじねじパスタにからめて

point
アンチョビはメーカーによって塩分が異なるので、味をみながらアンチョビソースの量を加減してください。

調理時間 10分

パリパリレタスのアンチョビソース

材料　(2人分)

レタス……………………………………1/2個
アンチョビソース……………大さじ2～好みの量
粗びき黒こしょう、
パルミジャーノ・レッジャーノ(なければ粉チーズ)、
素焼きアーモンド(粗みじん切り)……… 各適量

下準備

▶レタスはよく洗って大きめにちぎり、氷水につけてシャキッとさせる。しっかり水気を切る。

作り方

器にレタスを盛り付け、アンチョビソースをかける。削ったパルミジャーノ・レッジャーノ、粗びき黒こしょう、アーモンドを散らして完成。

レタスのみずみずしさを引き立てる大人味
アーモンドの香ばしさもいいアクセント

調理時間 10分

アンチョビポテトサラダ　+《プラス》マヨネーズ

材料　(2人分)

じゃがいも…………大2個(400g)
A
- アンチョビソース……………大さじ1～1 1/2
- マヨネーズ……………大さじ1～1 1/2
- レモン汁…………小さじ1～2

パセリ(みじん切り)…………少々

下準備

▶じゃがいもは皮をむき、食べやすい大きさに切る。竹串が通る柔らかさまでゆでる。

作り方

1. ゆでたじゃがいもの湯を切って鍋に戻し、軽く粉をふくまで弱火にかけて水分をとばす。
2. ボウルに移して粗くつぶし、粗熱が取れたらAを混ぜ合わせる。皿に盛り、パセリを散らす。

マヨネーズをプラスして、
ポテサラっぽいコクはありつつも
レモンで爽やかに

column 2

パンディップ

生の食パン、トースト、バゲット、マフィン……あらゆるパンが、飽きない新味へと大変身！

みんなの人気者にカレーが加わりパワーアップ

カレーツナコーンマヨ

保存期間 5日

材料（作りやすい分量）

ツナ缶……1缶（固形量70g）
ホールコーン缶……大さじ3
マヨネーズ…………大さじ2
カレー粉…小さじ1/3〜1/2
塩、こしょう…………各少々
（好みで）スライスチーズ、
　パセリ（みじん切り）
　……………………各適量

作り方

ツナとコーンの缶汁を切る。全ての材料を混ぜ合わせ、塩、こしょうで味を調える。パンに塗る際、好みでチーズを敷いて焼き、パセリをふってもＯＫ。

“甘じょっぱ”の真骨頂！ チーズトーストも◎

はちみつみそ

保存期間 2週間

材料

（作りやすい分量）

みそ…………大さじ4
はちみつ……大さじ3
白ごま………大さじ1
（好みで）大葉…適量

作り方

みそとはちみつを小鍋に入れ、焦げないよう弱火にかけ、とろりとするまで軽く煮詰める。白ごまを合わせて完成。パンに塗る際、好みで大葉を敷く。

ほのかな塩味が
あんのポテンシャルを
底上げ

あんバター

保存期間 2週間

材料

（作りやすい分量）

ゆで小豆（缶）
　…………1缶（約150g）
無塩バター…………30g
塩…………ひとつまみ

作り方

1 缶のゆで小豆は水分が多いので、鍋に入れて弱火にかけ、混ぜながら水分をとばし、粗熱をとる。
2 常温に戻して柔らかくしたバターと❶を混ぜ、仕上げに塩を加えて混ぜる。

トーストすれば、
懐かしのきなこ揚げパンに！

きなこバター

保存期間 1か月

材料（作りやすい分量）

きなこ……………………大さじ5
無塩バター…………………50g
はちみつ（または練乳）
　…………大さじ2〜好みの量
（好みで）塩……………………少々

作り方

常温に戻して柔らかくしたバターにはちみつときなこを混ぜる。好みで塩を混ぜる。

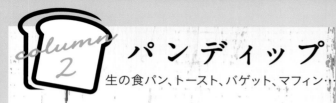

第4章

極上中華だれ

手早く炒め合わせることが仕上がりを左右する中華こそ、調味に迷わない極上だれが大活躍。味が決まって、火入れもバッチリといいことづくめ！

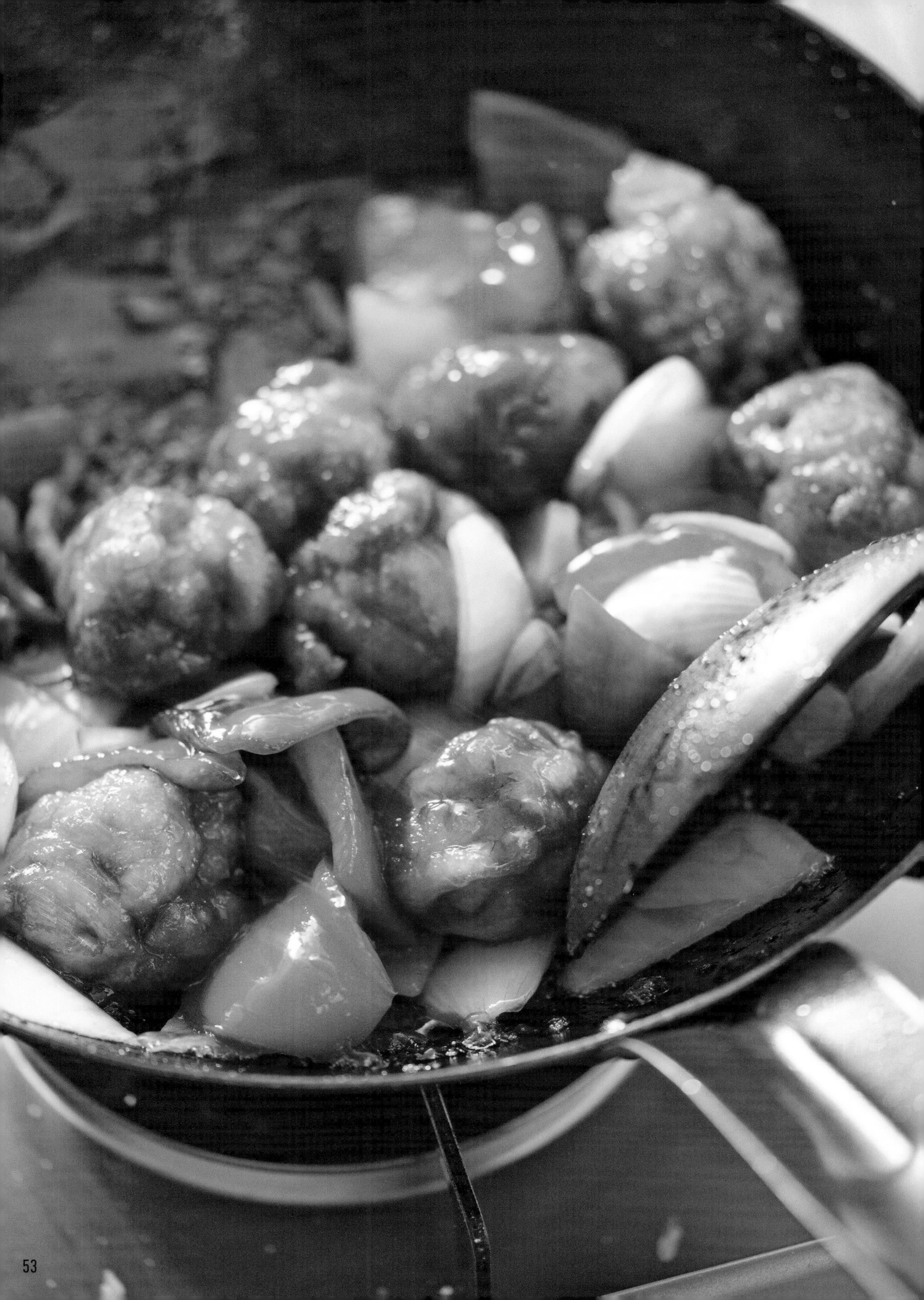

保存期間 1か月

野菜炒めのたれ

材料 作りやすい分量
（約大さじ5／料理レシピ1回分相当）

しょうゆ……………………… 大さじ2
酒 …………………………… 大さじ2
オイスターソース …………… 小さじ1
砂糖 ………………………… 小さじ1
顆粒鶏ガラスープの素 ….. 小さじ1/2

作り方
全ての材料をよく混ぜ、鶏ガラスープの素が溶けたら完成。

どんな味？
鶏ガラとオイスターソースのダブルの旨みとコク、さらに甘み、塩分を絶妙な配合で。町中華の王道味！

何に合う？
炒め物系のほか、スープ、チャーハンなどで大活躍。好みでおろしにんにくや豆板醤をプラスしてもOKです。

複雑な旨みの詰まった味をたれ1つで！

にらの強い風味に負けない

汁ごとごはんにのせて豪快に召し上がれ♪

下準備
▶レバーは筋を取り除き、厚さ7〜8㎜のそぎ切りにする。20分氷水につけ、水気を切る。Aの下味をもみ込んで5分おき、片栗粉を加えて混ぜる。
▶もやしは50℃程度の湯に1分つけ、水気を切る。

レバニラ炒め

調理時間 10分（レバーの下処理を除く）

材料（2〜3人分）

豚レバー
（または鶏や牛のレバー）
……………………200g
A［酒 ……………… 小さじ1
　 しょうゆ ………… 小さじ1
片栗粉 ……………… 小さじ1
もやし ………………… 100g
にら …………………………………1束
にんにく、しょうが（それぞれみじん切り）
……………………………………各1片分
豆板醤 … 小さじ1/2（少量の水で溶く）
野菜炒めのたれ ……… 大さじ3 1/2〜4
サラダ油 ……………………… 大さじ2
塩、こしょう ………………………各少々

作り方

1 にらは4cm幅に切る。フライパンにサラダ油大さじ1を熱し、下味の汁気を切ったレバーを並べ入れて焼く。両面がきつね色になるまで焼き、取り出す。

2 冷たいフライパンにサラダ油大さじ1、にんにく、しょうが、豆板醤を入れて弱火にかけ、香りを立たせる。

3 レバーを戻し入れて強火にし、もやしと野菜炒めのたれを加えて味をからめ、にらを加えて全体を合わせ塩、こしょうで味を整える。

中華屋さんのコク旨スープも
たれさえあれば簡単。
かき玉スープやおじやにアレンジOK

調理時間 5分

王道わかめスープ

材料　(2〜3人分)

乾燥カットわかめ……………………………2g
長ねぎ(小口切り)……………………………10cm分
A ┌水……………………………………500mℓ
　 └野菜炒めのたれ……………………大さじ3
ごま油、白ごま、白こしょう………………各少々
(好みで)顆粒鶏ガラスープの素……………少々

作り方

鍋にAを温め、沸騰したところにカットわかめを加える。長ねぎを入れ、ごま油をひと回しする。味が足りなければ鶏ガラスープの素を加える。器に盛り、白ごま、白こしょうをふる。

調理時間 8分

町中華の焼きそば

材料　(2人分)

豚バラ薄切り肉………………………………4枚
にんじん………………………………………5cm
キャベツ………………………………………3枚
焼きそば用中華麺……………………………2玉
野菜炒めのたれ…………大さじ2 1/2(たれレシピ半量)
サラダ油………………………………………大さじ1
塩、こしょう…………………………………各少々
(好みで)紅しょうが、青のり………………各少々

作り方

1. 豚バラ肉は2cm幅、にんじんは1.5cm幅の薄切りにする。キャベツは食べやすい大きさに切る。焼きそば用中華麺は耐熱皿に移してふんわりとラップをかけ、電子レンジで30秒加熱して、ほぐす。
2. フライパンにサラダ油を熱し、豚肉を炒める。色が変わったらにんじんとキャベツを加え、しんなりするまで炒める。
3. 麺を加えて水少量をふりかけ、麺が野菜となじんだら野菜炒めのたれを回しかける。全体を強火で炒め合わせて、塩、こしょうで味を調える。器に盛り、好みで紅しょうがを添え、青のりをふる。

point
野菜の水分によって味が変わるので、たれの量は調整を。

ソースとはひと味違う
さっぱりしょうゆ味！
海鮮焼きそばにしても合う味付けです

保存期間 1週間

黒酢だれ

材料 作りやすい分量
（約135mℓ／
料理レシピ１回分相当）

黒酢、みりん、酒、水、砂糖、しょうゆ
…………………… 各大さじ1 1/2

作り方 全ての材料を混ぜ合わせる。

どんな味？ 本格派の風味は、コク深い黒酢ならでは。みりんや砂糖も入り、酸っぱすぎず素材の味わいを引き立てます。

何に合う？ 酢豚をはじめ、肉、野菜、海鮮……炒め物にオールマイティー。とろみをつければごちそう感がぐんとアップ。

豚こま団子の黒酢酢豚

調理時間 20分

材料 （2人分）

豚こま切れ肉 …………………………… 200g
A ┌しょうゆ、酒 …………… 各小さじ1/2
　 └塩、こしょう …………………… 各少々
片栗粉 ……………………… 大さじ3〜4
ピーマン ………………………………… 1個
赤パプリカ ……………………… 大1/4個
玉ねぎ ……………………………… 1/2個
酒 ………………………………… 大さじ1
黒酢だれ ……… 135mℓ（たれレシピ全量）
サラダ油 ………………………… 大さじ2
（好みで）水溶き片栗粉
（水2:片栗粉1の割合で溶く）…… 適量

下準備

▶豚肉はAをしっかりもみ込んで5分おき、8等分して丸め、片栗粉をまぶす。

作り方

1 ピーマン、パプリカは乱切り、玉ねぎはひと口大に切る。

2 フライパンにサラダ油大さじ1を中火で熱し、丸めた豚肉を転がしながら、表面の色が変わるまで4〜5分焼く。酒を加えてふたをし、弱火で3分蒸し焼きにして取り出す。

3 フライパンの汚れをふき取りサラダ油大さじ1を熱し、パプリカと玉ねぎをしんなりするまで炒め、ピーマンと②の豚肉を加える。

4 黒酢だれを加えて煮詰めながら味をからめる。とろみが足りなければ少量の水溶き片栗粉を加えながらとろみをつける。

厚切り肉より経済的で、柔らかジューシー。
揚げ焼きでお手軽に！
黒酢を使うことで
コクのある本格的な味に

調理時間 10分

いかとアスパラの黒酢炒め

材料 (2〜3人分)

やりいか …… 小3はい
アスパラガス …… 4本
黒酢だれ …… 大さじ4
水溶き片栗粉
　(水2:片栗粉1の割合で溶く)…… 少々
サラダ油 …………………………… 大さじ1
塩、こしょう、粗びき黒こしょう … 各少々

下準備

▶いかはワタ、軟骨を抜いて、目とくちばしを取り除く。水洗いして胴は1.5cm幅に切り、足は2本ずつに切り分ける。塩少々(分量外)を加えた湯でいかを色が変わる程度にゆで、ザルにあげる。

作り方

1 アスパラガスは根元の皮をむき、5cm長さの斜め切りにする。

2 フライパンにサラダ油を熱し、アスパラガスの根元を軽く炒める。

3 アスパラガスの穂先といかを加えて炒め合わせ、黒酢だれを入れる。水溶き片栗粉を加えてとろみをつけ、塩、こしょうで味を調える。器に盛り、粗びき黒こしょうをふる。

point

下ゆで&さっと炒めるのが、いかは柔らか、アスパラはシャキシャキに仕上げる秘訣！　水の割合が多い水溶き片栗粉を使えば、とろみづけの失敗なし。

黒酢のコク、こしょうの刺激、柔らかないか、
シャキシャキのアスパラが相性抜群!

ちくわの旨み、黒酢の酸味が光る
さっぱり味のきんぴら
片栗粉をまぶして
味がらみよく!

調理時間 10分

セロリとちくわのさっぱりきんぴら

材料 (2〜3人分)

セロリ …………………… 1本(150g)
ちくわ(細いもの) ………………… 5本
黒酢だれ ………………… 大さじ3〜4
片栗粉 ……………………………… 適量
塩、こしょう …………………… 各少々
サラダ油 ………………………… 大さじ1
ごま油 ……………………………… 適量
白ごま ……………………………… 少々

下準備

▶ちくわは斜め4等分の薄切りにし、薄く片栗粉をまぶす。

作り方

1 セロリは根元の固い部分の皮をむき、太い部分は縦半分に切る。3mm程度の斜め薄切りにする。

2 フライパンにサラダ油を熱し、セロリの茎を加えて中火でややしんなりするまで炒める。

3 ちくわを加えて薄く焼き色をつけ、黒酢だれを加えて味がからむよう炒める。セロリの葉を加えてしんなりしたら塩、こしょうで味を整え、ごま油をひと回しする。器に盛り、白ごまをふる。

えびチリのたれ

保存期間 1週間

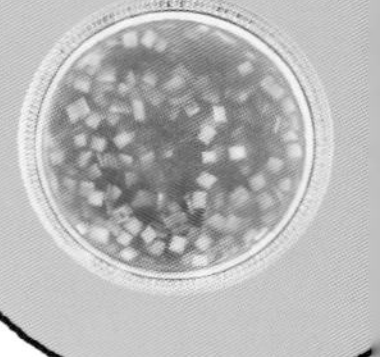

材料 作りやすい分量
（約150mℓ／料理レシピ１回分相当）

トマトケチャップ……………………大さじ２
スイートチリソース…………………大さじ２
酒…………………………………………大さじ１
みりん……………………………………大さじ１
長ねぎ（みじん切り）………………10cm分
鶏ガラスープ……………………………50mℓ
（顆粒鶏ガラスープ小さじ1/2を水50mℓで溶く）

作り方 全てを混ぜ合わせる。

どんな味？ 簡単に本格味になる、砂糖、とうがらし、にんにくなどが入ったスイートチリソースを活用。ねぎが香り、甘酸っぱく、やや辛いしっかり味。

何に合う？ フレッシュに香らせたいにんにく、しょうがは、調理時にあえて後入れ。だから、チリ炒めだけでなく、優しい味のあんかけにも応用可能。

えびチリ

調理時間 10分

材料 （2人分）

えび……大10尾（小なら150g程度）
A ┌片栗粉………………小さじ2
  └酒、サラダ油………各小さじ1
にんにく、しょうが
（それぞれみじん切り）…各1片分
豆板醤
……小さじ1/2（少量の水で溶く）
えびチリのたれ
………150mℓ（たれレシピ全量）
水溶き片栗粉
（水2:片栗粉1の割合で溶く）…適量
サラダ油…………………大さじ2
ごま油……………………適量
（好みで）チンゲン菜…………1株

下準備

▶えびは殻をむいて背開きにし、背ワタを取り除く。片栗粉（分量外）をまぶしてもみ、水で洗い流す。水分をふき取りAをもみ込む。
▶チンゲン菜は株の根元に十字に切り込みを入れて裂き、サラダ油と塩少々（分量外）を入れた湯でゆでる。

作り方

1. フライパンにサラダ油大さじ1を熱し、中火でえびを色が変わるまで片面1分ずつ焼いて取り出す。
2. フライパンをきれいにして、サラダ油大さじ1、にんにく、しょうがを入れて弱火で香りを出す。豆板醤を加えて軽く炒める。
3. えびチリのたれを加えて中火で炒め合わせ、えびを戻す。ふつふつと煮立ったら弱火にして水溶き片栗粉を加え、とろみがついたらごま油をひと回しする。器に盛り、好みでチンゲン菜を添える。

自家製だれがあれば10分でプリプリ食感の本場の味が完成！
炒めた卵や、レタスを仕上げに加えても◎

point
子どもがいる場合は、豆板醤を抜いて作っても美味。大人はラー油をかけて味変するのもおすすめです。

厚揚げがまるでお肉のよう！
炒めたきゅうりのみずみずしいさっぱり感が新鮮です

調理時間 10分
（きゅうりの下準備時間を除く）

肉巻き厚揚げときゅうりのチリソース炒め

材料　（2〜3人分）

豚バラ薄切り肉 …… 4枚
絹厚揚げ …… 1枚（150g）
片栗粉 …… 適量
きゅうり …… 1本
にんにく、しょうが（それぞれみじん切り） …… 各1片分
豆板醤 …… 小さじ1/2（少量の水で溶く）
えびチリのたれ …… 150mℓ（たれレシピ全量）
塩、こしょう …… 各少々
サラダ油、ごま油 …… 各適量

下準備

▶厚揚げは熱湯をかけて油抜きする。
▶きゅうりは乱切りにして塩ひとつまみ（分量外）をまぶして10分おき、水で流して水分をふき取る。

作り方

1. 厚揚げは8等分に、豚肉は半分の長さに切る。厚揚げの水気をふき取り、塩、こしょうをふって片栗粉を薄くまぶし、豚肉を巻き付ける。表面にも片栗粉を薄くまぶす。
2. フライパンにサラダ油少々を熱し、巻き終わりを下にした①を入れて、転がしながら肉の色が変わるまで焼く。
3. フライパンの端を空けて弱火にし、サラダ油少々を足してにんにく、しょうがを加えて香りを出し、豆板醤を加えて軽く炒める。
4. きゅうりとえびチリのたれを加え、中火で全体に味がからむまで炒め合わせる。ごま油をひと回しして完成。

調理時間 5分

チリソースの天津丼

材料　（1人分）

A
卵 …… 1個
味の素®、塩、こしょう …… 各少々
酒 …… 大さじ1
顆粒鶏ガラスープの素 …… ひとつまみ
かに風味かまぼこ …… 5本

サラダ油 …… 大さじ1 1/2

B
えびチリのたれ …… 大さじ3
水 …… 大さじ3
片栗粉 …… 小さじ1/2

ごはん …… 多めの1人分（200g）
グリンピース（缶） …… 適量

作り方

1. かに風味かまぼこは5mm程度の斜め薄切りにして包丁を寝かせてつぶしながらほぐす。Aを合わせる。器にごはんを盛る。
2. 甘酢あんを作る。Bを混ぜ合わせて小鍋に入れて中火にかけ、混ぜながらとろみをつける。とろみがついたら、粉っぽさをなくすため1分ほど加熱し、火を止める。
3. フライパンにサラダ油をひいて強火で熱し、煙が立ったらAを一気に加えて大きくかき混ぜながら火を通し、半熟状に仕上げる。
4. ごはんの上にすべらせるように③をのせ、②のあんをかけてグリンピースを散らす。

身近な材料でアツアツとろとろの絶品丼に。
油多めでサッと炒めるのが半熟卵の極意です

オイスターだれ

保存期間 2週間

材料 作りやすい分量
（約大さじ5／料理レシピ1回分相当）

オイスターソース ……………… 大さじ2
酒、水 …………………………… 各大さじ1
しょうゆ、砂糖 ………………… 各小さじ2

作り方 全ての材料を混ぜ合わせる。

どんな味？ 少しの甘み、味を引き締めるしょうゆ、上品な風味の酒を加えて、オイスターソースが引き立つバランスに。

何に合う？ 炒め物全般に使えますが、中でも風味の強い食材と相性よし。牛肉、きのこ、ごぼうなど。炊き込みごはんも◎！

小松菜と牛肉のオイスター炒め

調理時間 10分

材料 （2〜3人分）

牛切り落とし肉 ………………………… 200g
A ┌ 塩、こしょう、しょうゆ ………… 各小さじ1
　└ 酒 …………………………………… 小さじ2
片栗粉 …………………………………… 小さじ1
小松菜 ……………………………… 1/2束（約150g）
長ねぎ …………………………………… 1/2本
にんにく（薄切り） ……………………… 1片分
オイスターだれ ………………………… 大さじ4
サラダ油 ………………………………… 大さじ1
ごま油 …………………………………… 適量

作り方

1. 牛肉にAをもみ込んだ後、片栗粉をまぶす。小松菜はよく洗って4cm長さに切り、茎と葉に分ける。長ねぎは斜め薄切りにする。
2. フライパンにサラダ油をひき、弱火でにんにくを炒めて香りを出す。牛肉を加えて中火で色が変わるまで炒める。
3. 小松菜の茎と長ねぎを入れて軽く炒め、小松菜の葉とオイスターだれを加えて全体を合わせる。仕上げにごま油をひと回しして完成。

ずばりご飯が進む味！
片栗粉でコーティングすれば
お肉がジューシーな仕上がりに

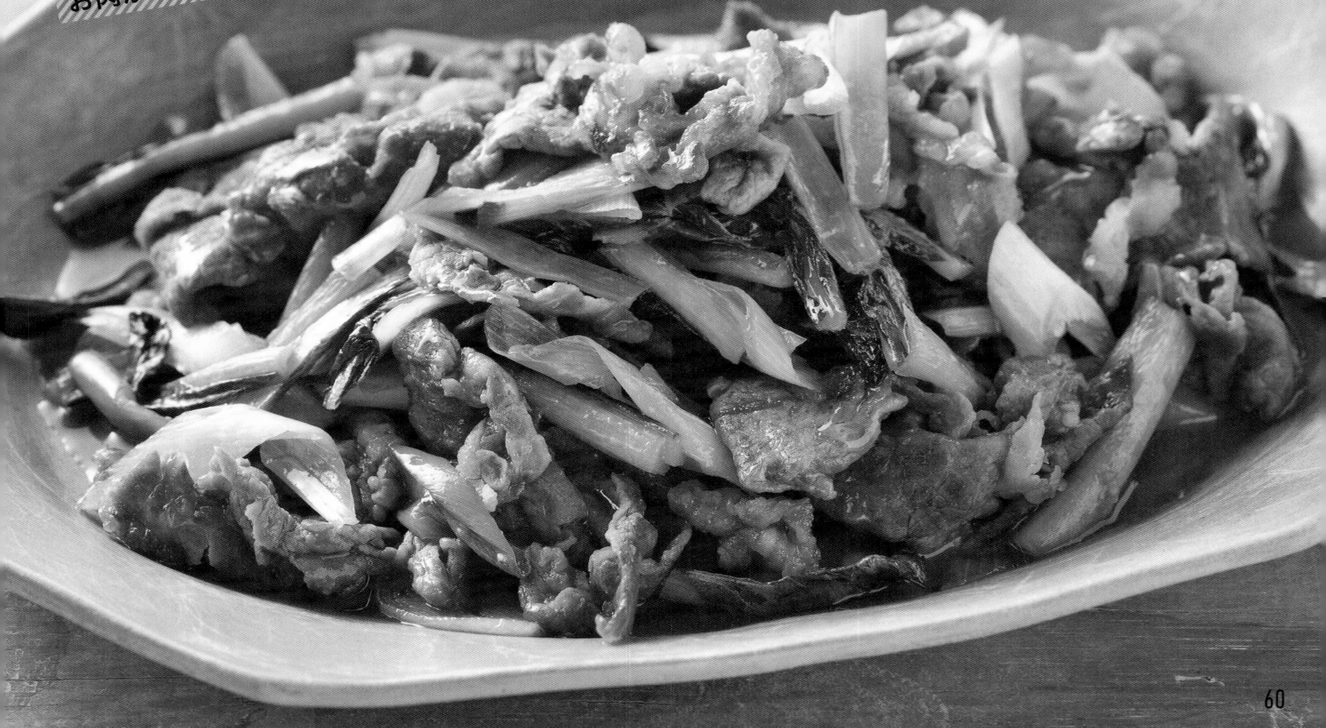

調理時間 5分
（浸水、炊飯時間を除く）

ごぼうとしめじの炊き込みごはん

材料　（4〜5人分）

ごぼう……………………………1/3本（約80g）
しめじ……………………………1パック
ミニトマト………………………8個
米…………………………………2合
だし………………………………適量
オイスターだれ…………………大さじ7〜8

下準備

▶米は研いで30分以上浸水させ、水気を切る。

作り方

1 ごぼうはささがきにして水にさらす。しめじはざっくりほぐす。

2 炊飯器の内釜に米、オイスターだれを入れて、2合の目盛りまでだしを注ぎ全体を混ぜる。ごぼう、しめじ、ミニトマトをのせて炊飯する。

+《プラス》 だし

お焦げが食欲をそそる中華おこわ風！
トマトのジューシーな旨みがいいアクセントに

素材の甘みが際立ち
お弁当おかずにもぴったり

アスパラガスやししとう、
しめじとも好相性

調理時間 10分

いんげんとエリンギのオイスターきんぴら

材料　（2〜3人分）

さやいんげん……………………150g
エリンギ…………………………2本
オイスターだれ
……大さじ2 1/2〜3（たれレシピ半量）
サラダ油…………………………大さじ1
塩、こしょう……………………各少々
ごま油……………………………適量
白ごま……………………………少々

作り方

1 さやいんげんは筋を取り、3〜4cmの斜め切りに、エリンギは縦横半分に切り、5mm厚さの拍子木切りにする。

2 フライパンにサラダ油を熱し、いんげんを入れて好みの固さまで中火で炒める。エリンギを加えて軽く炒める。

3 オイスターだれを加えて火を強め、水分をとばすように軽く炒める。塩、こしょうで味を調え、仕上げにごま油をひと回しする。器に盛り付け、白ごまを散らす。

column 3

鍋の味バリエ

もう市販の鍋の素を買う必要なし！
身近な材料だけで各国鍋が作れます。

保存期間 5日 冷凍で1か月

本格味になる黒酢が決め手
きのこの旨みがギュッ！

サンラータン鍋のベース

材料 (2〜3人分)

干ししいたけ……………………………中8枚
水…………………………………………800mℓ
A 酒、しょうゆ…………………各大さじ2
A 顆粒鶏ガラスープの素……………大さじ1 1/2
A 塩………………………………小さじ1/2
黒酢…………………大さじ3〜好みの量
ごま油………………………………大さじ2
ラー油……………………………………適量

下準備

▶干ししいたけを分量の水に浸し、一晩（最低3時間以上）おく。戻し汁は捨てない。

作り方

1 戻した干ししいたけを食べやすい大きさに切る。

2 鍋に①と戻し汁、Aを入れてひと煮立ちさせ、黒酢、ごま油、ラー油を加えてベースの完成。好みの具材を入れていただく。

味変

途中で卵を溶き入れるとまろやかに。

〆

水溶き片栗粉でスープにとろみをつけ、かた焼きそばにかけて。

Recommend 具材
トマト、しめじ、ブロッコリー、ゆでたじゃがいも、ソーセージ、えびなど

えびせんと桜えびで、
フレンチのスープを再現

ビスク鍋のベース

材料 (2〜3人分)

A トマトジュース（無塩／果汁100%）……………400mℓ
A 水…………………………200mℓ
A 白ワイン…………………大さじ3
A エスニックのえびせんべい……20g
牛乳……………………………100mℓ
玉ねぎ…………………………1/2個
桜えび……………………………15g
にんにく（みじん切り）…………1片分
オリーブオイル…………………大さじ1
塩……………小さじ1/2〜好みの量
顆粒コンソメスープの素…大さじ1（9g）
無塩バター………………………20g

味変

粉チーズ、オリーブオイルで風味づけ。

〆

ごはんと粉チーズを加えて粗びき黒こしょうをふり、リゾット風に。パスタにからめても。

保存期間 3日 冷凍で1か月

Recommend **具材**

しめじ、しいたけ、えのきなどのきのこ類、豚バラ薄切り肉、小ねぎ、トマトなど

∝

冷凍うどんを加えて卵を落とし、煮込みうどんに。ごはんととろけるチーズを加え、鍋肌でお焦げを作ったピリ辛チーズリゾットも◎。

作り方

1. 玉ねぎは繊維を断ち切るように薄切りにする。
2. 鍋にオリーブオイルをひいてにんにくを入れ、弱火で炒める。香りが出たら玉ねぎと桜えびを加えて玉ねぎがしんなりするまで炒める。
3. Aを加えてひと煮立ちさせて火を止める。粗熱がとれてから、なめらかになるまでブレンダー（またはミキサー）にかける。
4. 鍋に移し牛乳を加えて弱火で温め、顆粒コンソメスープの素、塩を加えて味を調える。バターを溶かして完成。好みの具材を入れていただく。

point

スープのとろみが強い場合は牛乳を増やして加減を。具材を入れず、牛乳で伸ばせばビスク風のスープになります。

Recommend **具材**

絹ごし豆腐、あさり、豚バラ薄切り肉、長ねぎ、にら、しいたけ、えのきたけなど

保存期間 5日 冷凍で1か月

ピリ辛の韓国鍋もお手軽に
具材にあさりはマストで！

スンドゥブチゲのベース

材料 （2〜3人分）

白菜キムチ（食べやすく切る）……100g

A
- 水……600mℓ
- 顆粒鶏ガラスープの素…大さじ2
- ダシダ（韓国のだしの素。なければ顆粒コンソメスープの素）……小さじ1〜好みの量

B
- みそ……小さじ2
- コチュジャン……小さじ2
- しょうゆ、酒……各小さじ2
- おろしにんにく……小さじ2

（好みで）韓国粉とうがらし……適量

ごま油……大さじ1

作り方

ごま油をひいた鍋でキムチを炒め、Aを加えてひと煮立ちさせる。Bを溶き入れ、沸騰直前で火を止める。辛いのが好みなら韓国粉とうがらしを加えてベースの完成。

【スンドゥブチゲの作り方】

鍋にごま油大さじ1（分量外）をひき、豚バラ薄切り肉適量（分量外）を炒めてベースを加え、好みの具材を入れていただく。

point

野菜や豆腐から出る水分を考慮し、スープの味を濃くしています。お好みで加減を。

5種のたれで味変。
飽きさせないたれの魅力を味わって
1
2

材料を混ぜるだけ
しゃぶしゃぶつけだれ五変化

香り、甘み、酸味、
香ばしさがクセに

保存期間 3日

にらだれポン酢

材料 (3〜4人分)

にら(小口切り) ………… 1/2束分
ポン酢しょうゆ ……………… 80mℓ
はちみつ(または砂糖) …. 大さじ1
ラー油 …… 小さじ1/2〜好みの量
白ごま(炒る) ……………. 大さじ1

1

一気にトムヤムクン風
パクチーも合う

保存期間 5日

スイチリライム

材料 (1人分)

スイートチリソース ……… 大さじ2
(好みで)ライム(またはレモン)果汁
……………………………… 適量

使うときに鍋の中のだし少々で薄める。

2

濃厚だれをまとった
さっぱりおろしが絶品

保存期間 5日

おろし オイスターだれ

材料（3〜4人分）

オイスターソース ………… 大さじ5
しょうゆ ……………… 大さじ1 1/2
ごま油 ……………………… 大さじ2
大根おろし（ザルにあげて1分おき、自然に水気を切る）
……………… 1カップ（約200g）
（好みで）粗びき黒こしょう … 適量

5

薬味たっぷり派必食の
中華風だれ

保存期間 5日

食べる 香味だれ

材料（3〜4人分）

長ねぎ（みじん切り）……… 1本分
しょうが（みじん切り）………… 15g
しょうゆ …………………… 大さじ3
酢、オイスターソース、はちみつ、
ごま油 ………………… 各大さじ1
豆板醤 …………………… 小さじ1

4

定番×定番＝さっぱり
なのにコクがある新発明

保存期間 5日

ごまだれ ポン酢

材料（1人分）

ごまだれ（市販）………… 大さじ2
ポン酢しょうゆ ………… 大さじ1

ごまだれとポン酢しょうゆの比率はお好みでアレンジを。

3

column 4

野菜が止まらない！ ドレッシング

副菜イメージのサラダが主役に躍り出るような、極上ドレッシングをご紹介！

和の旨みが
大根や水菜のサラダと相性抜群。
たたき長芋や蒸したきのこのマリネにも

梅おかかドレッシング

保存期間 1週間

材料

(作りやすい分量／約220mℓ)

梅肉(チューブ) …………… 大さじ2
砂糖、しょうゆ、酢、オリーブオイル
…………………………… 各大さじ4
かつお節 …………………………… 5g

作り方

梅肉をボウルに入れて砂糖、しょうゆ、酢の順に加えてその都度よく混ぜ合わせる。オリーブオイルを少しずつ加え混ぜて乳化させ、かつお節を入れて完成。

一風変わった和風味。
えびやブロッコリーに和えたり、
揚げ物に！　パセリを大葉に替えても

たくあんタルタル

保存期間 3日

材料

(作りやすい分量／約200g)

固ゆで卵 …………………………………… 2個
A
- 酢、砂糖 ……………………… 各小さじ1/2
- 玉ねぎ(みじん切りを水にさらす) … 1/4個
- マヨネーズ ……………… 大さじ2 1/2〜3
- たくあん(みじん切り) ……………… 50g
- パセリ(みじん切り) ………………… 少々

塩、こしょう ……………………………… 各少々

作り方

ゆで卵を刻み、Aとよく混ぜ合わせ、塩、こしょうで味を調える。

オイル系は瓶に入れて
振れば完成。
保存もそのまま！

ドレッシングを乳化させるひと手間で
味のノリがぐんとよくなります

キャロットラペベース

保存期間 1週間

材料

(作りやすい分量／約大さじ4)

A
- フレンチマスタード
  ……………… 小さじ1
- はちみつ ……… 小さじ1
- 塩 ………… ひとつまみ
- ホワイトビネガー
  (または酢) …… 大さじ1

オリーブオイル ……… 大さじ2
(好みで)クミンシード
………………………… 適量

作り方

ボウルにAを入れてよく混ぜ、塩が溶けたらオリーブオイルを垂らしながら泡立て器でよく混ぜ、白っぽくなるまで混ぜて、しっかり乳化させる。

【キャロットラペの作り方】
にんじん1本をせん切りにし、塩ひとつまみをふって5分おく。ペーパータオルで水分を絞り、刻んだくるみ、熱湯に5分つけたレーズンと一緒にキャロットラペベースで和える。

キャベツと大葉のせん切りに
砕いたバターピーナッツと、
たれをかければ止まらぬおいしさ

無限キャベツのたれ

保存期間 1週間

材料

(作りやすい分量／約200mℓ)

しょうゆ……………………大さじ4
砂糖、酢、米油(またはサラダ油)、
　ごま油…………………各大さじ2
おろしにんにく……………小さじ2

作り方

全ての材料をボウルでしっかり混ぜるか、ドレッシングボトルや瓶に入れて振り、乳化させる。

かつおとチーズの旨みの
相乗効果でお酒にも合う味。
ゆでブロッコリー、アスパラに！

おかかチーズマヨ

保存期間 1週間

材料

(作りやすい分量／大さじ5)

かつお節………………………4g
粉チーズ、マヨネーズ…各大さじ2
しょうゆ…………小さじ1/2〜1
オリーブオイル…………小さじ2

作り方

全ての材料を混ぜ合わせる。

わさびが香る大人味。
ボイルしたいかやたこを和えれば
カルパッチョ風に

わさびポン酢ドレッシング

保存期間 3日

材料

(作りやすい分量／約70mℓ)

練りわさび、オリーブオイル
　(またはごま油)……各小さじ1 1/2
ポン酢しょうゆ………………大さじ3

作り方

全ての材料をボウルでしっかり混ぜるか、ドレッシングボトルや瓶に入れて振り、乳化させる。

エキゾチックなさっぱりソース。
きゅうりやトマトを和えれば、カレーの副菜に

クミンヨーグルトソース

保存期間 1週間

材料　(作りやすい分量／大さじ3)

プレーンヨーグルト(水分少なめが理想)……………大さじ3
塩………………………………………………ひとつまみ
クミンシード、クミンパウダー…………………………各少々

作り方

全ての材料を混ぜ合わせ、塩が溶けたら完成。

家にある材料でお店の味に！
少量のケチャップを加えれば
サウザンアイランド風

シーザードレッシング

保存期間 1週間

材料

(作りやすい分量／約200mℓ)

マヨネーズ…………………………大さじ6
プレーンヨーグルト………………大さじ4
粉チーズ……………………………大さじ2
塩………………………………小さじ1/2
粗びき黒こしょう…………………適量
レモン汁……………………………少々
おろしにんにく……………………小さじ1
牛乳…………………………………大さじ2

作り方

全ての材料を混ぜ合わせる。

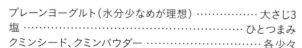

第5章

極上エスニックだれ

タイ、マレーシア、インドネシア、韓国など、現地で食べ歩いた味から逆算して作った、再現性の高いたれの数々。材料の手に入れやすさも考慮しています。

保存期間 2週間

ヤンニョム

材料 作りやすい分量

（約大さじ7／
料理レシピ1回分相当）

コチュジャン、砂糖、
トマトケチャップ、
みりん、酒、水
…………… 各大さじ1
しょうゆ、おろしにんにく
…………… 大さじ1/2

作り方 全ての材料を混ぜ合わせる。

どんな味？ コチュジャンの甘辛味にケチャップのフルーティな酸味が加わった韓国だれ。おろしにんにくが食欲を刺激！

何に合う？ 鶏肉やえび、厚揚げ、ちくわなどにマッチ。唐揚げや手羽先揚げを和えれば、ビールのいいお供に。

韓国だれ×チーズのコクの相乗効果でやみつきに！

たれが焦げやすいので火加減に注意。

えびで作るのも◎

チーズヤンニョムチキン

調理時間 10分

材料（2〜3人分）

鶏むね肉（皮を除く）…………… 1枚
塩 …………………………… ひとつまみ
酒 …………………………… 大さじ1
片栗粉 ………………………… 適量
ヤンニョム … 大さじ7（たれレシピ全量）
ピザ用チーズ ……… 50g〜好みの分量
サラダ油 ……………………… 大さじ1
白ごま ………………………… 適量

作り方

1 鶏肉は1cm厚さのそぎ切りにする。

2 ボウルかバットに 1 を入れ、塩を加えて粘りが出るまでしっかり混ぜる。酒を加え、調味料が全体になじむまで手でもみ込む。片栗粉を薄くまぶす。

3 フライパンにサラダ油をひいて中火で 2 を焼く。焼き色がついたら裏返し、ふたをして2分ほど弱火で火を通す。

4 ヤンニョムを加えて全体にからめながら中火で炒める。たれが全体にからんだら火を止めてピザ用チーズをふり、ふたをして余熱でチーズを溶かす。白ごまを散らして完成。

point

鶏むね肉を柔らかく仕上げるそぎ切りのコツ

まずは写真の黒線のように、鶏むね肉のとがったほうがT字の下になるよう3つに切り分けます。紫の線のようにそぎ切りすると、繊維を断ち切ることができます。

3つのパーツそれぞれを、紫線の向きに、包丁を寝かせながらそぐように切ります。すると口に入れたときに繊維がほぐれやすくなり、柔らかな食感に。下味が入りやすくなる効果も。

point

そぎ切りにした鶏むね肉に塩を加えて粘りが出るまで混ぜ、表面のたんぱく質を溶かして吸水しやすい状態に。酒をしっかり吸わせて片栗粉でコーティングすれば、しっとり食感が生まれます。

ヤンニョムちくわ

調理時間 5分

旨みあるちくわと
みずみずしいズッキーニのメリハリを甘辛味で。
ちくわは厚揚げでもOK

材料（2〜3人分）

ちくわ（細いもの）…………5本
ズッキーニ …………………1/2本
片栗粉 ………………………適量
ヤンニョム
……………………大さじ2〜2 1/2
サラダ油 ……………………少々

下準備

▶ちくわは1本を4等分の斜め切りにし、片栗粉を薄くまぶす。

作り方

1 ズッキーニはピーラーで3か所程度皮をむき、1cm厚さの半月切りにする。

2 フライパンにサラダ油を熱し、ズッキーニを2分ほど炒める。

3 ちくわを加え軽く焦げ目がついたらヤンニョムを加え、全体にからめて完成。

ヤンニョムマヨポテト

調理時間 10分

+《プラス》マヨネーズ

材料（作りやすい分量）

冷凍フライドポテト（市販）….適量
ヤンニョム …………………大さじ2
マヨネーズ …………………大さじ3

作り方

1 ヤンニョムを電子レンジで40〜50秒加熱し、アルコールをとばす。冷ましてから、ざっくりマヨネーズに混ぜる。

2 フライドポテトを揚げ、❶にディップしながらいただく。

マーブル状にすることで味の濃淡が楽しめます。
辛党さんはヤンニョムオンリーもアリ

保存期間 1週間

ナシゴレンのたれ

材料 作りやすい分量

（約200mℓ／料理レシピ４回分相当）

玉ねぎ……………………40g
にんにく…………………1片
豆板醤……………小さじ1
ナンプラー、
スイートチリソース、水
………………各大さじ2
オイスターソース、
トマトケチャップ、
砂糖、中国しょうゆ
…………………各大さじ1
桜えび……………………5g
サラダ油…………大さじ3

※中国しょうゆがない場合は、オイスターソースを大さじ3にしてください。

作り方
全ての材料をブレンダーかミルにかけてなめらかに混ぜ、小鍋に移して2〜3分焦げない程度に煮詰める。

どんな味？
甘辛く、オイスターソース、ナンプラー、桜えびの旨みが凝縮。煮詰めた分、玉ねぎの辛みがとんでまろやか。

何に合う？
焼き飯、焼きそばなど、香ばしく炒める料理にぴったり。ピーナッツバターと混ぜて肉や魚介の下味にしても。

インドネシアの屋台飯があっという間に！
えびせんべいを割り、
野菜とともに混ぜながら食べるのが本場流

調理時間 8分

ナシゴレン

材料 （1人分）

鶏むね肉…………………………30g
赤パプリカ………………………1/8個
玉ねぎ…………………………1/8個
グリーンピース（缶）……………大さじ1
ごはん……………………1人分（200g）
ナシゴレンのたれ……………大さじ2〜3
サラダ油…………………………大さじ1
塩、こしょう………………………各少々
（好みで）エスニックのえびせんべい、きゅうり、
紫玉ねぎ…………………………各適量

作り方

1. パプリカ、玉ねぎ、鶏肉はそれぞれ1cmの角切りにする。紫玉ねぎは薄切りにし、水にさらして水気を切る。
2. フライパンにサラダ油をひいて中火で鶏肉を炒め、火が通ったところにパプリカと玉ねぎを加えて炒める。
3. ごはんを入れてほぐし、ナシゴレンのたれ、グリーンピースを入れ、全体に炒め合わせる。
4. 塩、こしょうで味を調え、器に盛る。好みでえびせんべい、斜め薄切りにしたきゅうり、紫玉ねぎを添える。

調理時間 10分
ミーゴレン

具だくさんでお弁当にもおすすめ。
市販のインスタント麺をゆでて使うと
より本場っぽい味に

材料 （1人分）

- えび……小4〜5尾
- 厚揚げ……50g
- 赤パプリカ……1/8個
- 小松菜……1株
- 焼きそば用中華麺……1玉
- ナシゴレンのたれ……大さじ2〜3
- 塩、こしょう……各少々
- サラダ油……大さじ1
- （好みで）トマト、きゅうり……各適量

作り方

1. えびは殻をむき、背ワタを取り除く。厚揚げは短冊切り、赤パプリカは細切りに、小松菜は4cm幅に切る。焼きそば用中華麺は耐熱皿に移してふんわりラップをかけ、電子レンジで30秒加熱してほぐす。
2. フライパンにサラダ油を熱しえびを炒め、火が通ったところに厚揚げ、パプリカを加えて炒める。
3. 小松菜を加えて軽く炒めたら、麺、ナシゴレンのたれを加えて炒め合わせる。塩、こしょうで味を調える。好みでカットしたトマトやきゅうりを添える。

調理時間 15分（漬け時間を除く）
鶏肉のサテ 〜エスニック風焼き鳥〜

+《プラス》ピーナッツバター

コク深いピーナッツ風味が
しっかり染みたビールが進む味。
香ばしさがたまりません！

材料 （2人分・約6本）

- 鶏もも肉……200g
- A
  - ナシゴレンのたれ……大さじ2
  - ピーナッツバター……大さじ1
  - 水……大さじ1
- 塩、こしょう……各少々
- （好みで）フライドオニオン（市販）、ライム、薄切りにして水にさらした紫玉ねぎ、パクチー、ピリ辛ピーナッツだれ（P87参照）……各適量

下準備

▶鶏肉を1.5cm角に切る。軽く塩、こしょうをし、Aを合わせた袋に入れてもみ込み、1時間以上漬ける。
▶竹串を水にひたす。

作り方

1. 竹串に鶏肉を刺す。魚焼きグリルを使う場合は串の部分にアルミホイルを巻いて、弱めの火加減で返しながら焼く。フライパンで焼く場合はふんわりとラップをかけて電子レンジで約1分加熱した後、フライパン用ホイルシートを敷いたフライパンで焦げないよう弱火で焼く。
2. 好みでフライドオニオンを散らし、ライム、紫玉ねぎ、パクチーを盛り付け、ピーナッツだれを添える。

保存期間 2週間

パッタイのたれ

材料 作りやすい分量
（約180mℓ／料理レシピ４回分相当）

ナンプラー、オイスターソース、
　スイートチリソース …………各大さじ3
砂糖（あれば黒砂糖）……………大さじ2
梅肉（チューブ）……………小さじ1 1/2
味の素® ……………………………小さじ1

作り方
全ての材料を混ぜ合わせてブレンダーでなめらかにする（ブレンダーがなければ、梅肉が溶けるまで、しっかり混ぜる）。電子レンジでラップをかけずに20秒ほど加熱して砂糖を溶かす。

どんな味？
魚介系の旨みに、スイートチリと黒砂糖のこっくりした甘みを効かせ、梅の酸味で本場仕様に。

何に合う？
米麺はもちろん、中華麺やうどんなど炒め麺にもマッチ。サラダの他、鶏ガラスープで伸ばしてスープにも。

調理時間 10分

焼きそばパッタイ

材料 （1人分）

厚揚げ …………………………………………50g
にら ……………………………………………2〜3本
紫玉ねぎ（または玉ねぎ）……………………1/6個
卵 ………………………………………………1/2個
もやし …………………………………………50g
たくあん（またはつぼ漬け。みじん切り）……小さじ1
焼きそば用中華麺 ……………………………1玉
パッタイのたれ ………………………………大さじ3
サラダ油 ……………………………大さじ1 1/2
桜えび、バターピーナッツ（粗みじん切り）…各適量

作り方

1. にらは4cm長さ、紫玉ねぎは薄切りに、厚揚げは短冊に切る。焼きそば用麺は耐熱皿に移してふんわりラップをかけ、電子レンジで30秒加熱し、ほぐす。
2. 中火で熱したフライパンにサラダ油を入れ、厚揚げをこんがり炒め、紫玉ねぎを加える。
3. 具材を端に寄せて空いたところに溶いた卵を入れ、半熟の卵の上に麺を加える。卵をからめて麺をほぐしながら軽く炒め、もやしとたくあん、パッタイのたれを加えて全体を炒め合わせる。
4. にらを加えて全体を合わせる。器に盛り、桜えびとピーナッツを散らす。

タイの大根の漬物チャイポー代わりのたくあんが効いてる！
桜えびとナッツのトッピングで香ばしさアップ

調理時間 10分

+《プラス》レモン、鶏ガラスープ

フォー風うどん

鶏ガラスープで伸ばすだけで、優しく複雑な味わいに。
麺はそうめんや冷や麦、春雨でもOK

材料　（1人分）

- うどん（乾麺）……………………100g
- パッタイのたれ………大さじ2～2 1/2
- 熱湯……………………………200mℓ
- 顆粒鶏ガラスープの素…小さじ1/2～1
- 紫玉ねぎ……………………1/4個
- サラダチキン（市販）、もやし（ゆでる）、レモン（またはライム）、パクチー、フライドオニオン（市販）……各適量

作り方

1. うどんは好みの固さにゆでる。サラダチキンはほぐす。紫玉ねぎは薄切りにし、辛味が気になる場合は水にさらす。
2. パッタイのたれを熱湯で溶いてレモンを絞り、鶏ガラスープの素で味を調え、丼に盛ったうどんに注ぐ。紫玉ねぎ、サラダチキン、もやし、レモン、パクチー、フライドオニオンをトッピングする。

+《プラス》ライム、干しえび

ヤムウンセン

調理時間 10分
（下処理、戻す時間を除く）

下準備

▶干しえびはぬるま湯に20分ほどつけて戻し、水気を切る。戻し汁は取っておく。紫玉ねぎは薄切りにして水にさらし、水気を切る。えびを背開きにして背ワタを取る。

材料　（2～3人分）

- むきえび……………………中5尾
- 豚ひき肉……………………50g
- 緑豆春雨……………………60g
- 紫玉ねぎ……………………1/8個
- 干しえび……………………15g
- A パッタイのたれ…………大さじ2～3
- A ライムの搾り汁……大さじ1/2
- 干しえびの戻し汁……………適量
- パクチー……………………適量

point

ライムやレモンが入るとよりエスニック感が増すので、ぜひ入れて。春雨の代わりに切り干し大根やそうめんでもアレンジできます。

作り方

1. Aをボウルに混ぜ合わせる。
2. たっぷりの湯を沸かし、塩小さじ1（分量外）を入れ、具材別に加熱する。ザルを鍋に重ね、春雨（袋の表示時間通りに）、むきえび、ひき肉の順に同じ湯でゆで、それぞれ水分を切り、1のボウルに入れる。紫玉ねぎと干しえびも加える。
3. 全体が混ざりにくいときは干しえびの戻し汁を加えて、熱いうちに混ぜ合わせる。
4. 仕上げにパクチーをたっぷりとのせ、搾ったあとのライムを添えて完成。

アクの少ない順にゆで、味が染みやすいアツアツを和えます。
本場流に温かいうちにどうぞ！

保存期間 2週間

ガパオのたれ

材料 作りやすい分量
（約150mℓ／料理レシピ４回分相当）

ナンプラー …………………… 大さじ3
オイスターソース ……… 大さじ1 1/2
砂糖（あれば黒砂糖） ……… 大さじ2
しょうゆ ……………………… 小さじ2
味の素® ………… 小さじ1～1 1/2
顆粒鶏ガラスープの素 …… 小さじ2
ぬるま湯 ……………………… 大さじ3

作り方
溶けにくい鶏ガラスープは先にぬるま湯で溶かし、残りの材料を加えて混ぜたら完成。

どんな味？
ナンプラー、オイスターソース、鶏ガラ、味の素®と、旨みのオンパレード。濃厚な味わいでごはんが進みます。

何に合う？
濃いめの味なので肉や豆腐そぼろと炒めてご飯やサラダの上に。スパニッシュオムレツ風にするのもおすすめ。

コク旨の肉、カリカリとろ～んの半熟卵、
爽やかなバジルが一体に！
多めの油、強めの火加減で調理して

調理時間 8分

ガパオライス

材料 （1人分）

鶏ひき肉 ……………………………… 200g
玉ねぎ ……………………………… 1/4個
赤パプリカ ………………………… 1/4個
赤とうがらし ……………………………… 1本
にんにく …………………………………… 1片
ガパオのたれ ……… 大さじ3～好みの量
バジル（なければドライ） ……… 5～6枚
サラダ油 ……………………………… 大さじ2
卵 …………………………………………… 1個
サラダ油（フライドエッグ用） …… 大さじ2
ジャスミンライス（またはごはん）
…………………………… 1人分（200g）

作り方

1. 玉ねぎとパプリカは1.5cm大の角切りに、にんにくは包丁でつぶす。とうがらしは半分にちぎり種を取る。
2. サラダ油をひいたフライパンににんにくを入れ、焦げないように中火で熱し、香りがしてきたら玉ねぎを加えて透き通るまで炒める。パプリカを加えて軽く炒める。
3. ひき肉ととうがらしを加え、フライパンに押し付けながら脂が出てくるまでしっかりと肉に火を通す。
4. ガパオのたれとちぎったバジルを加え、全体を炒め合わせて火を止める。
5. フライドエッグを作る。サラダ油をひいたフライパンを強火で熱し、卵を割り入れて白身のふちがチリチリとしてきたら火を止め、半熟状に仕上げる。器にジャスミンライスと④を盛り付け、フライドエッグをのせて完成。好みでバジル（分量外）を散らす。

point
ひき肉の代わりに角切りにした鶏肉を使うとボリュームが出ます。豚、えび、いかでもおいしくできます。バジルは手でちぎることで香りが出やすく！

調理時間 5分

ガパオオムレツ

主役級のパンチ力!
レタス巻きにするのもおすすめ。
多めの油がふんわりのコツです

材料　(2人分)

卵 …………………………… 2個
豚ひき肉 …………………… 80g
A ガパオのたれ ……… 小さじ2
A 小ねぎ(小口切り) …. 大さじ2
サラダ油 ………… 大さじ2
塩、こしょう ……… 各少々
パクチー、スイートチリソース …………………… 各適量

下準備

▶耐熱容器に豚ひき肉を入れてふんわりとラップをかけ、電子レンジで1分半加熱し火を通す。

作り方

1 卵を溶きほぐし、加熱したひき肉、A、塩、こしょうを混ぜ合わせる。

2 小さめのフライパン(直径20cm目安)にサラダ油を強火で熱し、うっすら煙が出たところに❶を入れる。

3 ふちがフワッとしたら裏返し、両面焼いて完成。器に盛り、パクチーとスイートチリソースを添える。

point
裏返すときはフライパンを傾けて卵をすべらせて皿に移し、フライパンに戻すようにするとうまくいきます。

調理時間 5分

豆腐のガパオサラダ

(水切り時間を除く)

ロースト豆腐でヘルシーに。
味濃い目がバランスよし!
スイートチリソースで味変も

材料　(2人分)

豆腐(木綿) 1丁(300g)
ピーマン …………… 1個
赤パプリカ ……… 1/4個
バジル ………… 4〜5枚
ガパオのたれ …… 大さじ3〜3 1/2
リーフレタス …… 1/3個
紫玉ねぎ ……… 1/4個
ゆで卵、ライム(またはレモン) ……………… 各適量
サラダ油 ……… 小さじ2

下準備

▶豆腐はペーパータオルを2枚重ねて巻き、電子レンジで2分30秒〜3分加熱して水切りする。

作り方

1 ピーマンとパプリカは1.5cm大の角切りにする。リーフレタスは食べやすい大きさにちぎる。紫玉ねぎは薄切りにして水にさらし、水気を切る。彩りよく器に盛る。

2 フッ素樹脂加工のフライパンに水切りした豆腐を入れ、ほぐしながら中火で乾煎りし、ぽろぽろの状態になったら一度取り出す。

3 フライパンをきれいにしてサラダ油をひき、ピーマンとパプリカを炒める。豆腐を戻し入れ、ちぎったバジルとガパオのたれを炒め合わせる。

4 ❸が冷めたら❶にのせ、ライム、ゆで卵、バジル(分量外)を添える。

column 5

エスニックを本格仕上げにするコツ

むっちん流 エスニック三原則

- 油たっぷり
- 砂糖多め
- 汁だく

海外で胃袋の限界まで食べ歩いた私なりの研究の結論。それは、エスニックは、旨みとコク、香りの宝庫だということ。つまり、効かせどころのダイナミックさがキモです。

まずは、油をケチらず使うこと。〈写真上右〉くらいに、「分量合ってる?」と心配になる油の量、合ってます。これがコクの素になるんです。そして、辛み、ナンプラーやオイスターの旨みを引き立ててくれる強めの甘み。さらに、炒め上がりは〈写真上左〉くらいに煮飛ばし過ぎないことも大切。タイの絶品屋台の炒め物は、どの店も汁だく(P125参照)。汁だけでごはんがイケル、そのくらいがおいしいのです。最後は香りと食感。濃厚な旨みに爽やかなアクセントを添えるレモンやライム、食感と〝追いコク〟を加えるフライドオニオン〈写真下〉のトッピング。コツをおさえれば、アジアの屋台やローカル食堂の味もお手のもの!

余らせない技、教えます！

スーパーで買えるエスニック系調味料

本格度が一気に上がるエスニック調味料の中でも、〝本当に使える〟ものを厳選。身近な料理へのちょい足しテクで、「使い切れない」というお悩みを解決します。

ナンプラー

魚を塩で漬け込み発酵させたタイの魚醤。独特の香りは敬遠されがちですが、料理に使うと意外とマイルド。いつもの炒め物やドレッシングにほんの少し加えるだけで、奥深い味わいに。

オイスターソース

「いまひとつ物足りないな」というときに、加えるだけで味がピタリと決まる、旨み凝縮調味料。炒め物はもちろん、スープやしょうゆベースの煮物にちょい足しするだけでコクがアップ。かきの旨みは絶大です。

味の素®

昆布などに含まれる旨み成分、グルタミン酸ナトリウムをさとうきびの糖蜜から生みだした安心して使える旨み調味料。煮物や炒め物、漬物にひとふりするだけで味に深みが！　日本でもおなじみですが、実は東南アジア料理にも欠かせない存在。多め使いが本場流。

タイで購入

黒酢

精米から作られた米酢と違い、玄米や小麦、大麦から作られ、長時間熟成による、深いコク、まろやかな風味が売り。中華まんやぎょうざ、しゅうまいにつけるだけで飲茶風に。

豆板醤

そら豆を使った発酵調味料。辛みだけでなく、料理の風味もよくしてくれる。調理の最初に弱火で炒めて香りを出せば、深い辛みの大人味に。

計量しやすいチューブタイプを愛用

甜麺醤

小麦粉と塩、麹などから作られた、麻婆豆腐などに使う、コクのある甘みそ。野菜で焼肉を巻いて食べるときのつけみそや、ごまだれと混ぜて、冷や奴やバンバンジーのたれに。

スイートチリソース

赤とうがらし、にんにく、砂糖、酢などを煮詰めて作られた調味料。唐揚げや野菜スティック、素揚げ野菜のディップに◎。ドレッシングのベースにすれば、手軽にエスニック味が実現。

コチュジャン

まろやかな辛みとコクがおいしい韓国のみそ。みそ汁にちょっと溶かせば韓国風に、湯で戻したさきいかをごま油、みりん、しょうゆ、コチュジャンで炒めればおつまみに！

すぐ溶ける粉状がおすすめ

ラー油

2タイプを使い分けるのが私流。辛さの中にある旨みとピーナッツの食感がお気に入りの「とうがらし系」は、シンプルに辛さが欲しいときに。シビレる刺激が欲しいときは「花椒系」を選びます。納豆や卵かけごはん、目玉焼きにちょい足しするのも◎。

とうがらし系

花椒系

黒砂糖

こっくりした甘さと旨みがある黒砂糖は、角煮などの煮物にコクをプラスしたいときに。全部を黒砂糖にするとしつこいので、ちょっと足すくらいがおすすめ。コーヒーシュガーにしても。

なければあるもので代用

おいしければ無《マイ》問《ペン》題《ライ》

現地で使われている食材が手に入りにくいなら……と、味覚を研ぎ澄ませて似たものを吟味。おなじみの食材を活用し、パパッとおいしい本場の味に。

酸っぱくて旨みのある
タイやインドのフルーツ

タマリンド

▶ 梅肉（チューブ）

本場のパッタイやトムヤムクンから香る、酢とは一味違うフルーティーなタマリンドの酸味。それを目指してたどり着いたのが、なんと梅干し！　チューブタイプは、より調理がしやすく優秀。甘めまたははちみつ梅でも代用できます。

タイ料理によく使われる
大根の甘口塩漬け

チャイポー

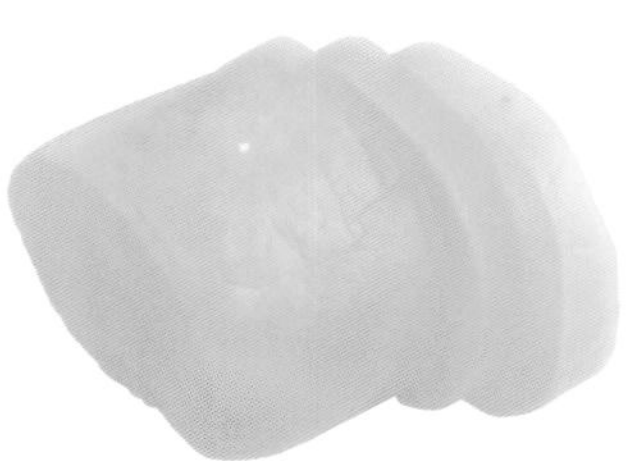

▶ たくあん

カリッとした食感と甘酸っぱい味わいが、パッタイなど炒め物のアクセントになるタイ版たくあん、チャイポー。現地のものはもっと甘口ですが、日本のたくあんや大根のつぼ漬けも、かなり近い味です。炒めるのは新鮮かもしれませんが、完成度の底上げにかなり貢献してくれますよ。

マレーシアやタイの
発酵えびペースト

ブラチャン／カピ

▶ 桜えび

魚系の旨みを生かした料理が多いエスニックでは、えびが味の決め手となる料理も数多く存在。でも、ブラチャンやカピは日本で手に入りにくく、何より香りが強烈!!　というわけで、簡単アレンジ！　桜えびなら、丸ごと食べられてえびのだしを余すことなくいただけます。

column 6

何倍もおいしくなる

極上かけだれ

ゆで野菜、冷や奴、卵かけごはんなどにかけるだけで、劇的においしくなるたれがこちら！

使い方のヒント

ゆでたブロッコリーと生ハムを合わせたサラダにかけて、粗びき黒こしょう、刻んだアーモンドを散らす。その他、ゆでたじゃがいもやカリフラワーなどに。冷めてバターが固まった場合は使う前に軽く温めて。

焦がすひと手間がキモ!!　香ばしいバターの風が吹き抜ける！

焦がしバターしょうゆ

保存期間 3日

材料

(作りやすい分量／約120mℓ)

Ａ
- しょうゆ …………大さじ3
- みりん …………大さじ3

無塩バター ………………30g

作り方

小鍋にバターを入れて中弱火にかける。泡がブクブク立ち、焦げ茶色になったらＡを加えて火を止める。熱いうちに茶こしでこす。

point

保存中に味が混ざり切ってしまうので、できるだけ使いきり量で作るのがおすすめです。

使い方のヒント

フライドポテトや温野菜にディップ。炒めたえびやちくわをこのたれで和えれば、即席えびマヨ＆ちくマヨに。

辛・甘・まろやか！
混ぜすぎず味のメリハリを楽しんで

スイチリマヨ

保存期間 10日

材料

（作りやすい分量／約大さじ3 1/2）

マヨネーズ …………………… 大さじ2
スイートチリソース ………… 大さじ1
練乳 ……………………… 大さじ1/2

作り方

全ての材料をマーブル状に混ぜる。

調理時間 15分

リピーター続出

黄金フライドポテト

材料

（3～ 4人分）

じゃがいも …………… 大5～6個
にんにく（つぶす）……… 3～4片分
揚げ油 ……………………… 適量
塩 …………………………… 少々
スイチリマヨ ……………… 適量
パセリ（みじん切り）………… 適量

作り方

1 じゃがいもは皮ごと洗い、十字に切り込みを入れる。1個ずつラップに包み、電子レンジで竹串が通る程度に加熱する。
2 ❶のじゃがいもが冷めたら、切り込みに指を入れ、4等分を目安にざっくり割る。
3 フライパンに5mm深さまで揚げ油を入れ、じゃがいもとにんにくを入れて中火にかける。箸で転がしながら黄金色になるまでじっくり揚げる。油を切って塩とパセリをふる。
4 スイチリマヨをつけていただく。

かつおとトマトで
ダブルの旨み！

トマトめんつゆ

材料

（作りやすい分量／約200mℓ）

トマト ……………… 中2個（1個70g）
めんつゆ（3倍濃縮） ……… 大さじ3
※2倍濃縮なら大さじ4 1/2

保存期間 3日

作り方

1. トマトは1個を1.5cm角に切り、1個はすりおろして、気になる皮を取り除く。
2. めんつゆとトマトの角切り、すりおろしを混ぜ、濃いようなら水少量を加えて調整する。

使い方のヒント

豆腐にトマトめんつゆをかけ、かつお節をのせる。ゆでたそうめんにかけたり、カペッリーニを和えて和風パスタにしても。大葉や刻み小ねぎを添えると風味がアップ。オリーブオイルをかければ洋風に、ごま油をかければ和風に。

使い方のヒント

卵かけご飯にかけて青ねぎ、粗びき黒こしょうをふる。しゃぶしゃぶのたれや冷や奴のかけだれにしても。

保存期間 1週間

玉ねぎの甘みが
凝縮した食べるポン酢

新玉ねぎポン酢

材料

（作りやすい分量／約350mℓ）

新玉ねぎ …………… 1個（約200g）
A ポン酢しょうゆ ………… 150mℓ
A みりん ………………… 大さじ2
A かつお節 ………………… 約4g

作り方

1. 新玉ねぎを繊維に沿ってなるべく薄切りにし、清潔な瓶に詰める。
2. Aを小鍋で沸騰させ、粗熱が取れたら玉ねぎの瓶に注ぐ。ふたをして冷蔵庫で半日〜1日寝かせる。

point

新玉ねぎがなければ玉ねぎをなるべく薄く切り、塩をまぶして軽くもむ。水で塩を洗い流し、辛みを抜いてから使う。

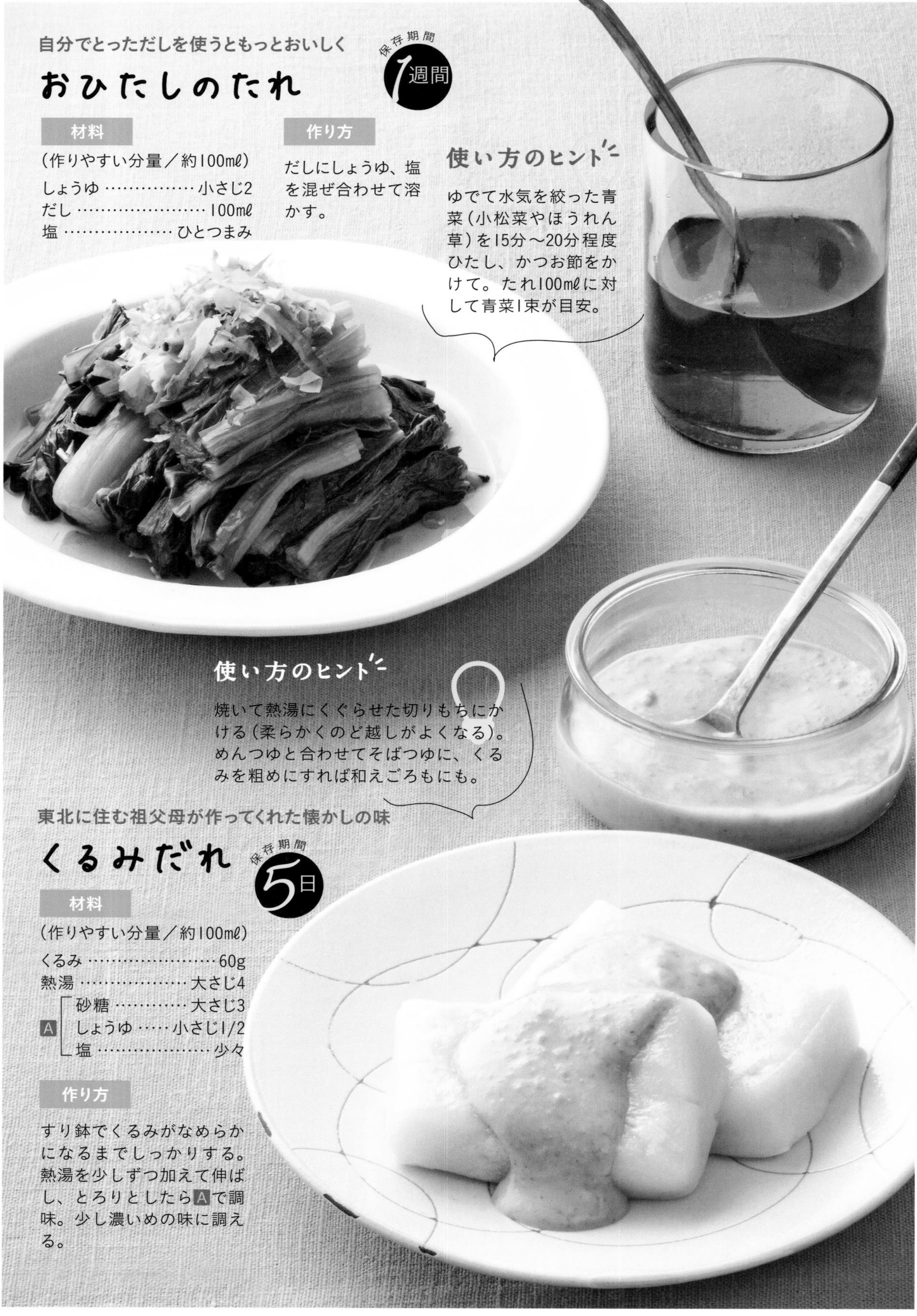

自分でとっただしを使うともっとおいしく

おひたしのたれ

保存期間 1週間

材料

（作りやすい分量／約100mℓ）

しょうゆ……………小さじ2
だし……………………100mℓ
塩………………ひとつまみ

作り方

だしにしょうゆ、塩を混ぜ合わせて溶かす。

使い方のヒント

ゆでて水気を絞った青菜（小松菜やほうれん草）を15分〜20分程度ひたし、かつお節をかけて。たれ100mℓに対して青菜1束が目安。

使い方のヒント

焼いて熱湯にくぐらせた切りもちにかける（柔らかくのど越しがよくなる）。めんつゆと合わせてそばつゆに、くるみを粗めにすれば和えごろもにも。

東北に住む祖父母が作ってくれた懐かしの味

くるみだれ

保存期間 5日

材料

（作りやすい分量／約100mℓ）

くるみ…………………60g
熱湯………………大さじ4
A 砂糖…………大さじ3
A しょうゆ……小さじ1/2
A 塩………………少々

作り方

すり鉢でくるみがなめらかになるまでしっかりする。熱湯を少しずつ加えて伸ばし、とろりとしたらAで調味。少し濃いめの味に調える。

どんな野菜もコレで和えればコク旨に

ナムルのたれ

保存期間 1週間

材料

(作りやすい分量／約大さじ3)

白すりごま …………… 大さじ1
ごま油 ………………… 大さじ2
しょうゆ ……………… 小さじ1
顆粒鶏ガラスープの素
……………… 小さじ1/2〜1
塩 ……………………… 適量

作り方

全ての材料を混ぜ合わせ、鶏ガラスープの素と塩を溶かす。好みでおろしにんにく少々(分量外)を加えても。

使い方のヒント

レンチン加熱したエリンギ、さっとゆでた豆もやしなどを和える。そのほか、青菜、にんじんなど、好みの野菜でどうぞ。野菜の水気を取るのがポイント。

使い方のヒント

ほぐした蒸し鶏、薄切りにしたトマト、細切りにしたきゅうりにかければバンバンジーに。辛いのが苦手な場合はラー油を抜いて。

チャンクタイプのピーナッツバターが香ばしさの決め手！

ピリ辛ピーナッツだれ

保存期間 1週間

材料

(作りやすい分量／約135mℓ)

ピーナッツバター
(チャンクタイプ) …… 大さじ3
酢 …………………… 大さじ1
しょうゆ、水 …… 各大さじ1 1/2
砂糖 ………………… 大さじ2
食べるラー油(またはラー油)
…………………… 大さじ1/2

作り方

ボウルにピーナッツバターを入れ、材料を上から順に加えてその都度よく混ぜる。なめらかになったら完成。

第6章

極上下味だれ

肉や魚を漬け込んでおけば、調理の際は味付けいらずですぐに絶品料理が完成！
焼く、揚げる、煮る、蒸すなど、バリエーション豊かな下味だれを紹介。

活用法

せっかく下味だれを作るなら、
漬けている間に味が深まる
“おいしい素”を量産するのがおすすめ。
一気に仕込んでおけば、当日はもちろん、
翌日以降もラク旨な日々が待っています。

1 食材をまとめ買い

手に入りやすく、価格がわりと手頃、使い道が広い食材として、鶏もも肉、豚こま切れ肉、生さけをお買い物。一度に仕込めるようまとめて食材調達を。P92からはこの3食材のアレンジレシピをご紹介。

食材が
新鮮なうちに
下味をつけます

2 下味だれを作り一気に味つけ

３食材分の量に合わせた下味だれをまとめて作ったら、鶏肉、豚肉、さけそれぞれを漬け込みます。大量に作る場合は、一度ボウルの中で下味だれを食材にもみ込むと、均一に味がなじみます。

保存袋を
使うと手軽

下味だれのおすすめ

3 下味をつけたら冷蔵 or 冷凍

下味に漬けたらよくもみ込み、すぐに食べない分は冷凍（みそ漬けのたれと粕漬けのたれの鶏肉とさけは、ひと晩冷蔵庫で漬けてから）。保存袋の空気をしっかり抜き、バットの上で平らにして凍らせて。

みそ漬け、粕漬けは
ラップに包むと
ムラなく密着

4 味つけ済みだから簡単調理でOK

すぐに食べる分は、そのまま調理工程へ。冷凍した場合は、使う前日に冷凍庫から冷蔵庫に移して解凍します。あとは、加熱調理をすればパパッと一品完成。味つけ済みだから、劇的にラク！

あとは
調理するだけ

下味唐揚げだれ

下味冷蔵期間 3日
下味冷凍期間 2週間
保存期間 5日

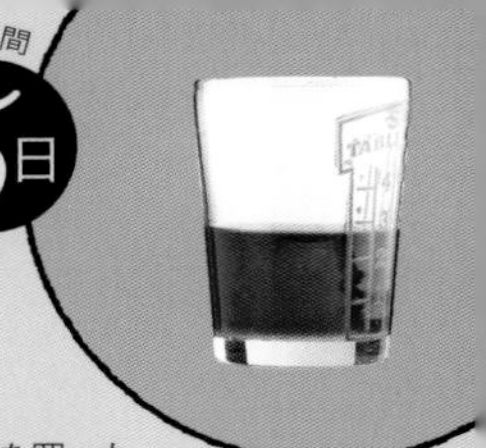

P101までの保存期間の目安は、食材を買った当日に下味に漬けた場合を想定しています。調理時間に漬ける時間は含みません。

材料 作りやすい分量
（約大さじ5／料理レシピ1回分相当）

しょうゆ……………………大さじ2
酒……………………………大さじ2
おろししょうが………………2片分

作り方

全ての材料を混ぜ合わせる。

鶏の唐揚げ

調理時間 10分

材料 （4～5人分）

鶏もも肉 …2枚（1枚約300g）
A［下味唐揚げだれ………………大さじ5（たれレシピ全量）
　おろしにんにく……1片分］
薄力粉…大さじ1 1/2～好みの分量
片栗粉、揚げ油…………各適量
（好みで）おかかおにぎり、ブロッコリー（ゆでる）、ミニトマト……………各適量

下準備

▶鶏肉は余分な脂を取り除いて1枚を5～6等分に切る。Aに漬け、長期保存する場合は冷凍庫へ。すぐ使う場合は冷蔵庫で20分漬けた後、冷蔵庫から出し常温に戻す。
▶冷凍した場合は、調理前に冷蔵庫で解凍し、常温に戻す。

作り方

1 汁気をよく切った鶏肉に薄力粉をもみ込む。片栗粉をしっかりまぶして余分な粉をはたき、1個ずつ手でぎゅっと丸める。

2 170℃の揚げ油で3分揚げ、一度取り出して3分休ませる。再度1分揚げて完成。お弁当にする場合は、好みでおにぎり、ブロッコリー、ミニトマトと一緒に詰める。

豚こまのカリカリ唐揚げ薬味添え

調理時間 10分

材料 （2～3人分）

A［豚こま切れ肉…………………………300g
　下味唐揚げだれ………………大さじ4
　おろしにんにく…………………1片分
　粗びき黒こしょう………………少々］
片栗粉、揚げ油……………………各適量
B［大葉（縦半分に切ってせん切り）…10枚分
　みょうが（斜め薄切り）……………3個分
　しょうが（せん切り）……………1片分
　かいわれ大根（1/3の長さに切る）………………………1/2パック分］
（好みで）ししとう（穴を開けて素揚げ）……適量

下準備

▶Aを保存袋に入れてしっかりもみ込む。長期保存する場合は冷凍庫へ。
▶冷凍した場合は、調理前に冷蔵庫で解凍し、常温に戻す。
▶Bの材料を水にさらして混ぜ、しっかりと水気を切る。

作り方

1 下味をつけたAの豚肉を広げながら、片栗粉を全面にまぶす。

2 フライパンに5mm深さの揚げ油を注いで熱し、❶を広げながら入れ、香ばしいきつね色になりカリッとするまで揚げる。油が少ないので焦げないよう火加減に注意する。

3 器に❷を盛り、水気を切ったBをのせ、好みでししとうを添える。

さけのごま焼き

調理時間 10分

材料 （4人分）

生さけ…………………4切れ
下味唐揚げだれ…大さじ5（たれレシピ全量）
白ごま2：黒ごま1（なければどちらかだけでも）……各適量
サラダ油………………大さじ1
（好みで）すだち…………適量

下準備

▶さけは、塩少々（分量外）をふって10分おく。水でさっと洗い流して表面の水分をふき取り、中骨と皮を取り除き、3等分のそぎ切りにする。下味唐揚げだれに漬け、長期保存する場合は冷凍庫へ。すぐ使う場合は冷蔵庫で20分漬ける。
▶冷凍した場合は、調理前に冷蔵庫で解凍する。

作り方

1 下味をつけたさけの汁気を切って、ペーパータオルで軽くふく。バットに2色のごまを入れて混ぜ、さけを押しつけるようにして全体にしっかりとまぶす。

2 フライパンにサラダ油をひき、焦げないように低めの温度で両面を焼く。器に盛り、好みですだちを添える。

少なめの油でもサクサク、香味野菜が爽やか。
ポン酢やスイートチリソースをかけても◎

余熱を利用した二度揚げで、ふっくらジューシー。
油をケチらずに揚げるのもポイント

油少な目でもカリッと焼き上がるごままぶし。
香ばしくて、おつまみにもお弁当にも◎

point

先に薄力粉をもみ込むことで片栗粉が密着し、油が汚れにくくなります。薄力粉をまぶす前に汁気をよく切ってください。

下味タンドリーだれ

下味冷蔵期間 3日
下味冷凍期間 2週間
保存期間 5日

材料 作りやすい分量（約200mℓ／料理レシピ3回分相当）

カレー粉 ………… 大さじ2
プレーンヨーグルト ………………………… 150g
トマトケチャップ …． 大さじ3
ウスターソース …… 大さじ2
中濃ソース ………． 大さじ1
おろしにんにく …… 小さじ1
塩 ……………………小さじ1

作り方

全ての材料をよく混ぜ合わせる。

タンドリーチキン

調理時間 15分（フライパン）
調理時間 25分（オーブン）

材料 （1〜2人分）

鶏もも肉 ………………… 1枚（約300g）
下味タンドリーだれ ………… 大さじ4〜5
塩、こしょう ………………………… 各少々
（好みで）レタス、ミニトマト、レモン … 各適量

下準備

▶鶏肉は余分な脂を取り除いて4〜6等分に切る。フォークで両面にしっかり穴を開け、ペーパータオルで水分をふき取る。軽く塩、こしょうをふり、下味タンドリーだれに漬ける。長期保存する場合は冷凍庫へ。すぐ使う場合は冷蔵庫で3時間漬ける。
▶冷凍した場合は、調理前に冷蔵庫で解凍する。

作り方

【オーブンで焼く場合】オーブン用シートを敷いた天板に、たれをぬぐった鶏肉を皮目が上になるよう並べる。220℃に予熱したオーブンで15〜20分香ばしい焼き色がつくまで焼く。
【フライパンで焼く場合】オリーブオイル少々（分量外）を熱したフライパンにたれをぬぐった鶏肉を皮目を下にして入れ、焼き色をつける。裏返してふたをし、5〜6分弱火で蒸し焼きにする。
器に盛り、好みでレタス、ミニトマト、レモンを添える。

しっとりジューシー、スパイシーなインドの味。
ヨーグルトが肉を柔らかくしてくれるのでむね肉でも

カレーうどん

調理時間 10分

材料　(2人分)

A［豚こま切れ肉 ……………………………… 150g
　玉ねぎ ………………………………………… 1/2個
　下味タンドリーだれ ………………… 大さじ3

水 ……………………………………………… 600mℓ

B［めんつゆ(3倍濃縮)
　　……… 140mℓ(2倍濃縮を使う場合は210mℓ)
　カレー粉 ……………………………………… 大さじ1

水溶き片栗粉(片栗粉と同量の水で溶く) …… 適量
冷凍うどん ……………………………………… 2玉
小ねぎ(斜め切り) ……………………………… 適量

下準備

▶豚肉は食べやすい大きさに切り、3mm厚さの薄切りにした玉ねぎとともに下味タンドリーだれに漬ける。長期保存する場合は冷凍庫へ。
▶冷凍した場合は、調理前に冷蔵庫で解凍する。

作り方

冷凍うどんは袋の表示時間通りに温める。

鍋に水を入れて中火にかけ、沸騰したらAを入れて、ほぐしながら火を通す。

肉に火が通ったらBを加えて溶かす。

水溶き片栗粉でとろみをつけ、器に盛ったうどんにかける。小ねぎを散らして完成。

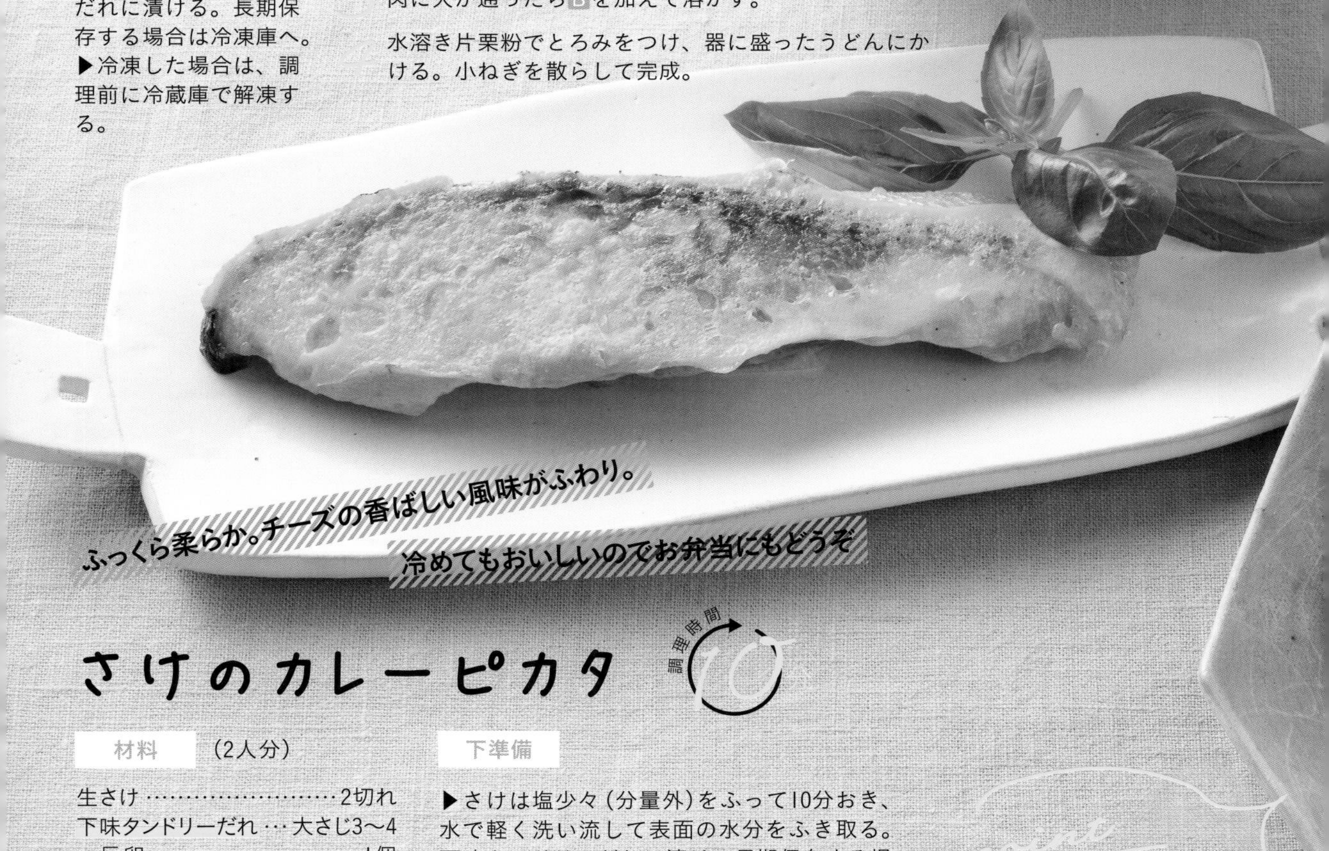

さけのカレーピカタ

調理時間 10

材料　(2人分)

生さけ …………………………… 2切れ
下味タンドリーだれ … 大さじ3〜4
A［卵 ……………………………… 1個
　粉チーズ ……………… 大さじ1
サラダ油 …………………………… 適量
(好みで)バジル ………………… 適量

下準備

▶さけは塩少々(分量外)をふって10分おき、水で軽く洗い流して表面の水分をふき取る。下味タンドリーだれに漬け、長期保存する場合は冷凍庫へ。すぐ使う場合は冷蔵庫で15分以上漬ける。
▶冷凍した場合は、調理前に冷蔵庫で解凍する。

作り方

サラダ油をひいたフライパンを弱火で熱し、さけの表面についたたれをぬぐい、混ぜ合わせたAにくぐらせ、弱火で両面焼く。卵がはがれないようなるべく触らず、弱火でじっくりと火を通す。器に盛り、好みでバジルを添える。

point

厚切りの豚ロース肉で作っても美味！

鶏肉ほど厚みがないので、漬け時間は30分〜1時間が目安。弱火のフライパンで焦げないように焼いて。

鶏ガラのコクを加えることで
旨みアップ。
バターをひとかけらのせても
中華丼系のコク旨味。
豚肉は別に炒めることで
劇的に柔らかく！
しょうがを効かせた
白化粧唐揚げ。
二度揚げが成功のコツ

保存期間 5日
下味冷蔵期間 3日
下味冷凍期間 2週間

下味旨塩だれ

材料 作りやすい分量
（約大さじ2 1/2／料理レシピ1回分相当）

酒……………………………… 大さじ2
顆粒鶏ガラスープの素……… 小さじ1
塩………………………… 小さじ2/3

作り方

全ての材料を混ぜ合わせる。

+《プラス》 にんにく

豚と白菜のあんかけ丼

調理時間 10分

材料 （2〜3人分）

豚こま切れ肉 ……………………… 150g
A ┌下味旨塩だれ
　│　…大さじ2 1/2（たれレシピ全量）
　└おろしにんにく …………… 小さじ1
白菜 …………………………… 250g
にんじん ……………………………5cm
水 …………………………… 250mℓ
サラダ油 …………………… 大さじ1
水溶き片栗粉（片栗粉を同量の水で溶く）
…………………………………… 適量
しょうゆ …… 小さじ1/2〜好みの分量
ごま油 ……………………………… 適量
粗びき黒こしょう、白ごま ………… 適量
ごはん ………… 2〜3人分（300〜400g）

下準備

▶豚肉を食べやすい大きさに切り、Aに漬け、長期保存する場合は冷凍庫へ。冷凍しない場合は冷蔵庫で20分漬ける。
▶冷凍した場合は、調理前に冷蔵庫で解凍する。

作り方

1. 白菜は軸の部分を繊維を断つよう1cm幅に、葉の部分を2〜3cm幅に切る。にんじんは短冊切りにする。
2. フライパンにサラダ油大さじ1/2を熱し、豚肉を入れて中火で色が変わるまで炒めて取り出す。
3. 汚れを軽くふき取ったフライパンにサラダ油1/2をひき、白菜の軸を入れてしんなりとするまで炒める。水とにんじん、白菜の葉の部分を加え、ふたをして弱中火で4分ほど蒸し煮にする。
4. 豚肉を戻し入れてひと煮立ちさせ、水溶き片栗粉でとろみをつけ、しょうゆとごま油を加えて火から下ろす。器に盛ったごはんにかけ、粗びき黒こしょうと白ごまをふる。

+《プラス》 しょうが

鶏の旨塩唐揚げ

調理時間 10分

材料 （4〜5人分）

鶏もも肉 ……………………… 2枚（1枚300g程度）
A ┌下味旨塩だれ ……… 大さじ2 1/2（たれレシピ全量）
　└おろししょうが ……………………………… 1片分
薄力粉 ……………………………………… 大さじ1 1/2
片栗粉、揚げ油 …………………………………… 適量

下準備

▶鶏肉は余分な脂を取り除いて1枚を5〜6等分に切る。Aに漬け、長期保存する場合は冷凍庫へ。すぐ使う場合は冷蔵庫で20分漬けた後、冷蔵庫から出し常温に戻す。
▶冷凍した場合は、調理前に冷蔵庫で解凍し、常温に戻す。

作り方

1. 汁気をよく切った鶏肉に薄力粉をもみ込む。片栗粉をしっかりまぶして余分な粉をはたき、1個ずつ手でぎゅっと丸める。
2. 170℃の油で3分揚げ、一度取り出して3分休ませる。再度1分揚げて完成。

さけのねぎ塩レモン蒸し

調理時間 8分
（下処理時間を除く）

材料 （4人分）

生さけ ……………………………………… 4切れ
下味旨塩だれ ………… 大さじ2 1/2（たれレシピ全量）
長ねぎ ……………………………………………… 1本
酒 …………………………………………… 大さじ1
レモン …………………………… 1/4個〜好みの分量

下準備

▶さけは塩少々（分量外）をふって10分おき、水で軽く流して表面の水分をふき取る。下味旨塩だれに漬け、長期保存する場合は冷凍庫へ。すぐ使う場合は冷蔵庫で1時間漬ける。
▶冷凍した場合は、調理前に冷蔵庫で解凍する。

作り方

1. 長ねぎは3mm厚さの斜め薄切りにする。
2. 耐熱皿に長ねぎを敷き広げて下味をつけたさけをのせ、酒をふってふんわりラップをかける。電子レンジで5分ほど加熱する。
3. 蒸し上がりにレモンを搾り、粗びき黒こしょう（分量外）をたっぷりふって、ねぎとともに盛る。

みそ漬けのたれ

下味冷蔵期間 7日
下味冷凍期間 2週間
保存期間 2週間

材料 作りやすい分量
（約200g／
料理レシピ５回分相当）

みそ……………………150g
砂糖………………大さじ３
みりん、酒…各大さじ１ 1/2
しょうゆ…………大さじ 1/2

作り方

全ての材料をよく混ぜ合わせる。

豚となすのみそ炒め

調理時間 10分

材料 （2人分）

豚こま切れ肉……………150g
みそ漬けのたれ
　………大さじ2〜好みの分量
なす……………………小2本
サラダ油、ごま油……各適量

下準備

▶食べやすい大きさに切った豚肉をみそ漬けのたれと混ぜ、長期保存する場合は冷凍庫へ。
▶冷凍した場合は、調理前に冷蔵庫で解凍する。

作り方

1 なすは2〜3か所ピーラーで皮をむいて1.5cm幅に切り、水分をふき取って全体にサラダ油をまぶす。すぐに炒めるので水にさらさない。

2 フライパンに3mm深さのサラダ油を注いで熱し、なすを皮を下にして入れ、転がしながら炒める。しんなりしたら取り出し油を切る。

3 フライパンを軽くふき、豚肉をほぐしながら並べて水大さじ2をふりかけ、ふたをして弱火で3〜4分蒸し焼きにする。

4 肉に火が通ったらなすを戻し入れて全体を合わせ、仕上げにごま油を回しかけて完成。

豚の旨みが移ったみそだれを
なすにまとわせたごはんが進む味！

調理時間 15分

さけのちゃんちゃん焼き

材料 （2人分）

生さけ……………………2切れ
みそ漬けのたれ……大さじ4〜5
しめじ……………1/2パック
えのきたけ…………1/2パック
玉ねぎ（5mm厚さの薄切り）…1/2個分
バター…………………20g

下準備

▶みそ漬けのたれをさけの両面に塗り伸ばしてラップで1切れずつ包み、保存袋に入れてひと晩以上冷蔵庫で漬ける。長期保存する場合は冷凍庫へ。
▶冷凍した場合は、調理前に冷蔵庫で解凍する。

作り方

アルミはくを広げて玉ねぎを敷き、下味をつけたさけとしめじ、えのきたけをのせる。バターをのせてアルミはくで包む。フライパンに並べて水大さじ2を加え、ふたをして中火で4分、弱火に落として7〜8分蒸し焼きにする。

鶏のみそ漬け

調理時間 15分

材料 (1〜2人分)

鶏もも肉 …………1枚
みそ漬けのたれ
……………… 大さじ2
(好みで)大葉 … 適量

下準備

▶鶏肉は余分な脂を取り除き、厚みがある部分は開く。みそ漬けのたれを両面に塗り伸ばしてラップで包み、保存袋に入れてひと晩以上冷蔵庫で漬ける。長期保存する場合は冷凍庫へ。
▶冷凍した場合は、調理前に冷蔵庫で解凍する。

作り方

へらやペーパータオルでたれをぬぐい、220℃に予熱したオーブンか、魚焼きグリルで15分ほど焼く。たれが焦げやすいので注意する。器に盛り、好みで大葉を添える。

みその発酵パワーで芳醇な味わいに。
程よく締まり、しっとりした肉感が絶品

クセになるみそバター味!
下味のみそだれも余すことなく味付けに

粕漬けのたれ

保存期間 2週間

下味冷蔵期間 7日
下味冷凍期間 2週間

材料　作りやすい分量
（約400g／
料理レシピ5回分相当）

酒粕（ペーストタイプ。フレークや板状を使う場合は、熱湯で固めのペースト状に伸ばして計量）……300g
みそ……50g
砂糖……大さじ3
みりん……大さじ2
塩……大さじ1/2

作り方

全ての材料を混ぜ合わせる。

さけと枝豆の炊き込みごはん

調理時間 10分

材料　（4人分）

生さけ……2切れ
米……2合
粕漬けのたれ
　……大さじ4〜5（さけ1切れに約大さじ2）
だし……適量
しょうゆ、酒……各大さじ1 1/2
枝豆（さや付き）……150g程度

下準備

▶粕漬けのたれをさけの両面に塗り伸ばしてラップで1枚ずつ包み、保存袋に入れてひと晩以上冷蔵庫で漬ける。長期保存する場合は冷凍庫へ。
▶冷凍した場合は、調理前に冷蔵庫で解凍する。
▶米は研いで30分以上浸水させ水気を切る。枝豆は塩（分量外）ゆでし、さやから出す。

作り方

1 漬け込んださけの表面の粕漬けのたれを軽くぬぐい、魚焼きグリルで両面に焦げ目をつける（完全に火を通さなくてよい）。
2 炊飯器の内釜に米、しょうゆ、酒を入れて混ぜ、2合の目盛りまでだしを注ぐ。焼いたさけをのせて炊飯する。
3 炊き上がったらさけをほぐして枝豆を加え、10分ほど蒸らして完成。

具だくさん粕汁

調理時間 12分

材料　（2〜3人分）

豚こま切れ肉……150g
粕漬けのたれ……100g
大根……150g
にんじん……1/2本
ごぼう……1/4本（80g）
だし……700mℓ
みそ……大さじ3〜4
サラダ油、ごま油……各大さじ1
小ねぎ（小口切り）……適量

下準備

▶食べやすい大きさに切った豚肉を粕漬けのたれに漬け、長期保存する場合は冷凍庫へ。すぐ使う場合は10分漬ける。
▶冷凍した場合は、調理前に冷蔵庫で解凍する。

作り方

1 大根とにんじんはいちょう切り、ごぼうは大きめのささがきにする。
2 鍋にサラダ油を熱して①を炒める。油が回ったらだしを加え、火が通るまで煮る。
3 豚肉をほぐしながら加え、火が通ったらみそを溶く。仕上げにごま油を加える。器に盛り、小ねぎを飾る。

鶏の粕漬け

調理時間 15分

材料　（1〜2人分）

鶏もも肉……1枚
粕漬けのたれ…大さじ4〜5
（好みで）すだち……適量

下準備

▶粕漬けのたれを鶏肉の両面に塗り伸ばしてラップで包み、保存袋に入れてひと晩以上冷蔵庫で漬ける。長期保存する場合は冷凍庫へ。
▶冷凍した場合は、調理前に冷蔵庫で解凍する。

作り方

1 へらやペーパータオルで粕漬けのたれをぬぐい、皮目を上にして220℃に予熱したオーブン上段、または魚焼きグリルで15分ほど焼く。たれが焦げやすいので注意する。
2 食べやすい大きさに切って器に盛り、好みですだちを添える。

漬けるだけでしっとりした料亭の味に。
好みで刻んだゆずの皮を入れるのもオツ

漬けていた粕も
味付けに活用。
ごま油の香りが
食欲そそる！

ごはんに合うおかずを炊き込む新発想！
風味豊かで枝豆の甘みとよく合います

第7章

人気の2食材×極上だれですぐでき！

極上だれの作り置きがあれば、定番のストック食材も変幻自在！
同じたった2つの食材が、たれ次第でいろんな料理に変身するサマをご覧あれ。

さばみそ煮
MACKEREL

〜ただいま〜

仕事で疲れて帰ってきた夜

夕飯作らなきゃ。

あるのは、
いつもの買い置き食材。
今日も食べ飽きた
あのメニューか……

いいえ。

作り置き極上だれがあれば……

パパッと

同じ食材が全く別の料理に大変身

ありがち2食材

×作り置き極上だれ

=マンネリ脱出

ココ試験に
出ますよ！

食べる香味だれ

➜P65

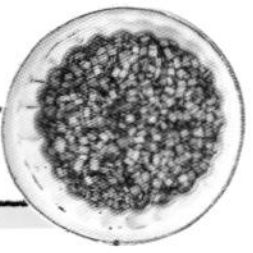

鶏とキャベツの香味しゃぶしゃぶ

調理時間 15分

材料　(2〜3人分)

鶏むね肉 …………………………………… 1枚
キャベツ …………………………………… 1/6個
食べる香味だれ(**P65参照**)
………………………… 120mℓ(たれレシピ全量)
片栗粉 ……………………………………… 少々

作り方

1 キャベツは大きめのひと口大に切る。鍋にたっぷりの湯を沸かしてキャベツをゆで、ザルにあげる。再び火にかけ、沸騰したら火を止めて鶏肉を1切れずつ入れてふたをし、15分放置する。

2 鶏肉に火が通ったらザルにあげて水気を切り、キャベツとともに器に盛る。食べる香味だれをかける。

下準備

▶鶏肉は皮を取り除いてT字に切り、繊維を断ち切るよう1cm厚さのそぎ切りにする(**P70「鶏むね肉を柔らかく仕上げるそぎ切りのコツ」参照**)。片栗粉を薄くまぶす。

point

▶湯が冷めないよう、厚手の鍋にたっぷりの湯を用意してゆでましょう。鶏肉は低温でじっくり火を通すことで柔らかく、片栗粉の力でしっとりつるんと仕上がります。
▶たれが薄まらないよう、鶏もキャベツもしっかり水気を切ってください。

プリンと柔らかく火入れした鶏むね肉を
ねぎとしょうがたっぷりのピリ辛中華だれでいただきます♪

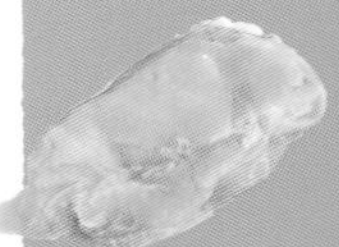

鶏むね肉

＋

キャベツ

お財布への優しさにも定評あり。ダイエッター支持の高い鶏むねこそ、たれで食べ飽きない工夫を。

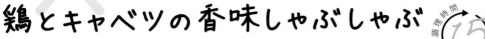

手間のかかるチキン南蛮も、2つの作りおきだれがあれば簡単。
鶏肉にまぶした片栗粉の効果で味がからみます

× 甘酢だれ ➡P35

× たくあんタルタル ➡P66

調理時間 10分

揚げない照り焼きチキン南蛮

材料　(2人分)

鶏むね肉……………………………1枚
A ┌キャベツ…………………………1/6個
　 └大葉………………………………5枚
B ┌甘酢だれ(**P35参照**)
　 │　……………約大さじ6(たれレシピ半量)
　 └はちみつ……………………………小さじ2
片栗粉………………………………適量
サラダ油……………………………大さじ1
たくあんタルタル(**P66参照**)
　……………………200g(たれレシピ全量)
(好みで)パセリ(みじん切り)………適量

下準備

▶鶏肉は皮を取り除いてT字に切り、繊維を断ち切るよう1cm厚さのそぎ切りにする(**P70「鶏むね肉を柔らかく仕上げるそぎ切りのコツ」参照**)。片栗粉を薄くまぶす。
▶キャベツと大葉はせん切りにして水に放し、混ぜ合わせてよく水気を切る。

作り方

1 中火で熱したフライパンに油をひき、鶏肉を重ならないように並べ、焼き色がついたら裏返す。弱火にし、ふたをして2分焼く。
2 鶏肉に火が通ったらBを加え、とろみがつくまで中火で煮からめる。
3 器にAと❷を盛り付け、たくあんタルタルをかけて完成。好みでパセリを散らす。

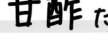

キャベツでカサ増しできる
家計の救世主。

ケチャップとスイートチリが入った甘辛味が
子どもにも大好評！

えびチリのたれ

➡P58

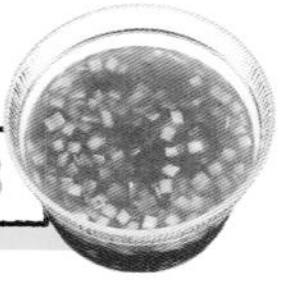

鶏とキャベツのチリソース炒め

調理時間 15分

材料 （2〜3人分）

鶏むね肉……………………………………1枚
キャベツ……………………………………1/6個
えびチリのたれ（**P58参照**）
……………………約150mℓ（たれレシピ全量）
片栗粉 ……………………………………適量
サラダ油 ………………………………大さじ1
塩、こしょう …………………………各少々

下準備

▶鶏肉は皮を取り除きT字に切り、繊維を断ち切るよう1cm厚さのそぎ切りにする（**P70「鶏むね肉を柔らかく仕上げるそぎ切りのコツ」参照**）。塩、こしょうと片栗粉を薄くまぶす。

作り方

1. キャベツはひと口大に切る。たっぷりの熱湯でキャベツをゆで、ザルにあげて水気を切る。
2. 中火で熱したフライパンにサラダ油をひき、鶏肉を重ならないように並べ、焼き色がついたら裏返す。弱火にし、ふたをして2分蒸し焼きにする。
3. 鶏肉に火が通ったらえびチリのたれを加えて煮詰めながらからめ、キャベツを加えて全体を炒め合わせたら完成。

point

▶炒める前にキャベツを下ゆですることで、火の通りが均一に、色よく仕上がります。
▶キャベツの代わりにチンゲン菜や小松菜を使っても◎。
▶味にパンチを出したいときは、たれに少量のおろしにんにくやラー油を加えてもOK。

厚揚げ＋きのこ

× オイスターだれ ➡P60

調理時間 10分

厚揚げときのこのオイスターステーキ

材料 (2人分)

絹厚揚げ……………………………1枚(150g)
しめじ………………………………1/2パック
しいたけ………………………………………2枚
オイスターだれ(**P60参照**)
……………………大さじ2 1/2(たれレシピ半量)
塩、こしょう、片栗粉、サラダ油、
小ねぎ(小口切り)………………………各少々

下準備

▶厚揚げは熱湯をかけて油抜きし、長さと厚みをそれぞれ半分に切る。ペーパータオルで水分をふき、塩、こしょうをふって、片栗粉を薄くまぶす。

作り方

1. しめじはほぐし、しいたけは5mm厚さに切る。
2. フライパンにサラダ油を熱して厚揚げの表面をこんがり焼く。焼き色がついたらきのこ類を加え、水大さじ1を入れてふたをする。弱火で30秒〜1分、きのこがしんなりするまで蒸し焼きにする。
3. オイスターだれを加え、全体に味がからんだら完成。器に盛り、小ねぎを散らす。

厚揚げがごはんの進む味に

シャキシャキのきのこがいいアクセント。

お好みでたれを増量しても◎

色んな味に合う包容力のあるコンビだから、和風以外の味付けもバッチリ。焼く、煮る、炒める、と調理法も変えてみて。

×しょうゆだれ

➡P30

厚揚げときのこの卵とじ

調理時間 10分

材料　(2人分)

絹厚揚げ……………………………1枚(150g)
しめじ………………………………1/2パック
長ねぎ…………………………………1/2本
卵…………………………………………2個
A［しょうゆだれ(**P30参照**)………大さじ2〜3
　　水……………………………………100mℓ
　　顆粒だしの素………………………小さじ1
三つ葉…………………………………適量

下準備

▶厚揚げは熱湯をかけて油抜きし、8等分に切る。

作り方

1 しめじはほぐす。長ねぎは5mm厚さの斜め薄切りにする。

2 小ぶりのフライパンにAと厚揚げ、長ねぎを入れて中火にかけ、フツフツと沸くくらいの火加減で2分ほど煮て厚揚げに味を含ませる。

3 しめじを加えて軽く火を通したら、溶き卵を回し入れてふたをする。卵が好みの固さになるまで火を通す。器に盛り、ざく切りにした三つ葉をあしらって完成。

point

▶ごはんにのせて丼にしても◎。
▶缶汁を切ったツナを加えて煮るのもおすすめ。旨みが増し、子どもも喜ぶ味に仕上がります。

甘じょっぱく煮込んだ厚揚げを
卵でとじたほっこりおかず。

厚揚げのコク、きのこの旨みで
奥深い味わいに

厚揚げが合うのは和食だけじゃありません！
ナポリタン味は子どもにも大ウケ
パスタよりヘルシーですよ

喫茶店のナポリタンソース

➡P45

厚揚げときのこのナポリタン風

調理時間 10分

材料 (2人分)

絹厚揚げ……1枚(150g)
しめじ……1/2パック
A ナポリタンソース(P45参照)……大さじ4
　 水……大さじ1
塩、こしょう……各少々
サラダ油……大さじ1
パセリ(みじん切り)……適量

下準備

▶厚揚げは熱湯をかけて油抜きし、8等分に切る。

作り方

1 しめじはほぐす。
2 フライパンにサラダ油をひき、厚揚げの両面をカリッと焼く。しめじを加えてしんなりとするまで炒める。
3 Aを加えて全体にからめるように炒め、塩、こしょうで味を調える。器に盛り、パセリを散らす。

×クミンヨーグルトソース

➡P67

さばとトマトのブルスケッタ

調理時間 5分

材料　(2〜3人分)

さば缶(水煮) …………1缶(固形量120g)
クミンヨーグルトソース(**P67**)
…………………… 大さじ2〜好みの分量
トマト ……………………………… 中1個
バゲット ……………………………… 1/2本
にんにく ……………………………… 1片
塩、こしょう、オリーブオイル ……… 各少々
粗びき黒こしょう、イタリアンパセリ(刻む)
………………………………… 各適量

下準備

▶バゲットは好みの厚さに切って軽くトーストし、表面ににんにくの切り口をこすりつける。

作り方

1 トマトは横半分に切って種とヘタを取り除き、1〜1.5㎝程度の角切りにする。

2 さば缶の缶汁をしっかり切って身をほぐし、クミンヨーグルトソースと混ぜ合わせる。塩、こしょうで味を調える。

3 バゲットに❷、❶の順にのせ、オリーブオイルをかける。粗びき黒こしょう、イタリアンパセリを散らす。

point

▶さば缶(みそ煮)を使うと和風テイストに！
▶においが気になる場合は、にんにくを使わなくてもOK。
▶クミンヨーグルトソースのクミンシードは、多めに入れるのがおすすめです。

“長期保存界の王様”との呼び声も高いさば缶は、トマトとのタッグで旨み増し増しに。ジャンルレスな活躍に期待！

クミンが香る
エキゾチックな味と
さばが相性抜群。
混ぜるだけですぐできるので
急なおもてなしにもおすすめ！

× トマトめんつゆ

➜P85

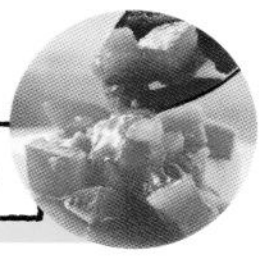

トマトの旨みがギュッと詰まっためんつゆが爽やか。
さばみそを新鮮に感じさせてくれる具だくさん麺です

調理時間 5分

さばとトマトのそうめん

材料　（1人分）

さば缶（みそ煮）……………1/2缶（固形量60g）
トマト……………………………………小1個
トマトめんつゆ（**P85参照**）
　……………………1カップ（たれレシピ全量）
そうめん（乾麺）……………………100〜150g
大葉………………………………………2枚
（好みで）ごま油…………………………適量

作り方

1. さば缶は缶汁を切り、身をほぐす。トマトは角切りにする。そうめんはゆでて流水で冷やし、ザルにあげて水気を切る。
2. 器にそうめんを盛って大葉を飾り、さば、トマトをのせる。トマトめんつゆをかけ、好みでごま油をひと回しする。

point

▶ごま油をオリーブオイルに替えると洋風の味わいに。
▶トマトめんつゆを作るときは、トマトによって水分が異なるので、味見をして水や氷で好みの加減に薄めてください。2倍濃縮のめんつゆを使うときは大さじ4 1/2が目安です。

キムチ×トマトの鉄板コンビにさば缶で旨みをプラス。
缶汁も残さず活用すれば、さらに奥深い味わいに

× スンドゥブチゲのベース

➡P63

さばとキムチのスープ

調理時間 8分

材料 (2人分)

さば缶（水煮）………1缶（190g・固形量120g）
トマト……………………………………中1個
にら……………………………………1/4束
長ねぎ…………………………………1/4本
スンドゥブチゲのベース（**P63参照**）
……………………約350mℓ（たれレシピ半量）
ごま油……………………………………大さじ1

作り方

1. トマトは1/8のくし形切りに、にらは4cm長さに、長ねぎは斜め薄切りに切る。
2. 鍋にスンドゥブチゲのベースを煮立て、長ねぎ、トマト、さば缶を缶汁ごと加え、味見をして水（100mℓ〜好みの量）で調整する。温まったらにらを加え、仕上げにごま油をひと回しして完成。

point

▶さば缶は商品によって水分量や塩分量が違うので、味見をして加える水の量で味を調整してください。
▶ごま油の代わりにバターを使うとまろやかなコクが加わります。
▶ごはんと粉チーズを加えれば即席おじやに。

× しょうゆだれ ➡P30

豚肉と大根のべっこう煮

調理時間 15分

材料 (2～3人分)

豚こま切れ肉 ……………………………… 150g
大根 ……………………………… 1/3本(350g)
A
- しょうゆだれ(**P30参照**) ……………… 70mℓ(たれレシピ半量)
- 水 ……………………………… 大さじ4
- しょうが(せん切り) ……………… 15～20g

サラダ油、ごま油 ……………………… 各大さじ1

point

▶火が通る前に煮汁がなくなり、焦げつきそうになったら、水を加えましょう。

作り方

1 大根は皮をむき、ひと口大の乱切りにする。耐熱容器に入れてふんわりラップをかけ、電子レンジで4分ほど加熱する。固くても竹串が刺さればＯＫ。

2 鍋にサラダ油をひいて中火で温め、豚肉を炒める。火が通ったら大根とAを入れてペーパータオルで落としぶたをし、煮汁がフツフツ沸くくらいの火加減で10分ほど煮る。途中で何度か混ぜる。大根に火が通り煮汁がほとんどなくなったら、仕上げにごま油をひと回しして完成。

甘辛いしょうゆ味でシンプルながらも
豚の旨みが染み込んだほっこりおかず
しょうがの風味がアクセント！

煮物、サラダ、炊き込みごはんと、バリエーション豊か。連日食べても飽きさせない変貌ぶりは、たれの活躍あってこそ。

梅おかかドレッシング

➡P67

調理時間 10分

大根と豚しゃぶの梅おかかサラダ

材料（2〜3人分）

豚こま切れ肉……150g
大根……1/5本（180g）
塩……ひとつまみ
酒……適量
梅おかかドレッシング（**P67参照**）……大さじ3〜4
大葉（せん切り）……5枚分

point

▶豚肉は火を止めた湯でゆっくり火を通すことで、柔らかく仕上がります。グラグラ煮立った湯でゆでると、硬くパサつく原因に。
▶梅おかかドレッシングのオリーブオイルをごま油に替えれば、より和風になります。

作り方

1 大根はスライサーかピーラーを使い、繊維に沿って薄くスライスする。塩をふって5分おき、軽く水で流して水気を絞る。

2 鍋にたっぷりの湯を沸かし、湯の1/10程度の酒を加えて沸騰させる。火を止めたところに何枚か豚肉を入れ、色が変わるまでしゃぶしゃぶする。取り出したら濡らしたペーパータオルをかけ、自然に冷ます。湯の温度が冷めたら再沸騰させ、火を止めてから残りの肉のしゃぶしゃぶを再開する。

3 ❶、❷を器に盛り、梅おかかドレッシングをかけて大葉を添える。

さっぱりだけど旨みが濃い、飽きのこない味。

しっとり柔らかに仕上げるしゃぶしゃぶのコツにご注目！

みその香りが香ばしい炊き込みごはんは
もれなくできるお焦げもごちそう。
焼きおにぎりにするのもおすすめ！

みそだれ →P33

豚と大根のみそ炊き込みごはん

調理時間 5分
(浸水、炊飯時間を除く)

材料 (4〜5人分)

豚こま切れ肉 …………………………… 150g
大根 ……………………………………… 100g
米 ………………………………………… 2合
みそだれ(**P33参照**) …… 大さじ7(たれレシピ全量)
だし ……………………………………… 適量
小ねぎ(小口切り) …………………… 適量

下準備

▶米は研いで30分浸水させ、水気を切る。

作り方

1. 大根は皮をむいて1.5cm角に、豚肉は1cm幅に切る。
2. 炊飯器の内釜に米とみそだれを入れ、2合の目盛りよりやや少なくだしを加える。大根と豚肉を加えて炊飯する。
3. 炊き上がったら一度全体を混ぜ、15分ほど蒸らして完成。器に盛り、小ねぎを散らす。

point
▶大根から水分が出るので、水加減は少なめに調整して。
▶ゆでて刻んだ大根の葉をのせても◎。

column 7

おやつだれ&ソース

保存できて家にあったら嬉しいスイーツ系極上だれも。
市販のおやつもコレでランクアップ。

point

▶❶で煮詰めが足りないと、冷やしてもとろみがつかないので注意。
▶揚げたてのさつまいもにからめると、熱で溶けてサラサラに。中に染み込むのでそれはそれでおいしいですが、冷めてからの“追いだれ”をおすすめします。

憧れのパンケーキ屋さんの味をおうちで。
ココナッツの香りで
フルーツや市販品も大変身！

ココナッツソース

保存期間 1週間

材料

(作りやすい分量／120mℓ)

ココナッツミルク……………70mℓ
練乳…………………………50mℓ
コーンスターチ……小さじ1/2

作り方

全ての材料を混ぜ合わせてコーンスターチをよく溶かす。小鍋に入れて弱火で熱し、絶えずかき混ぜながら、とろみがつくまで加熱すれば完成。

使い方のヒント

フルーツやパンケーキ、ワッフル、パフェ、アイスクリームのソースに。白玉、バニラアイス、あんこのパフェにかければお手軽アジアンスイーツが作れます。

point

炊飯器によって保温温度が異なるので、途中で温度を測るようにしましょう。保温モードにしても温度が高くなる場合は、ふたを開け、濡れぶきんをかけてふたを開けたまま保温。60℃を越えると発酵が進まず、温度が低すぎると酸味が出てしまうため、温度管理が重要です。

冷えてもとろりとしたお店のたれを再現。
こっくりした甘み、隠し味のしょうゆが本格派

大学いものたれ

材料　(作りやすい分量／約250mℓ分)

A
- 水 …………………………… 100mℓ
- 酢 ………………………… 小さじ1/2
- みりん ………………………… 大さじ1
- 三温糖(または砂糖) ………… 100g

B
- 水あめ ………………………… 100g
- しょうゆ ……………………… 小さじ1/2
- 塩 ……………………………… 少々

保存期間 1か月

作り方

1 小鍋にAを入れて火にかけ、沸騰したら中弱火で5分煮詰める。

2 Bを加え、水あめが溶けたら火からおろす。粗熱を取って清潔な容器に入れ、冷蔵庫で冷やす。できたてはサラサラしていても、冷えると少し固くなる。

使い方のヒント

揚げたさつまいもにからめ、黒ごまをふって大学芋に。バニラアイスやバタートーストもよく合います。

砂糖不使用の自然な甘さが魅力。
炊飯器かヨーグルトメーカーの
保温を利用すれば簡単!

甘麹

材料

(作りやすい分量／約1ℓ分)

- 米麹(乾燥タイプ) …… 200g
- ごはん …………………… 200g
- 水 ……………… 500〜600mℓ

※米麹:ごはん:水
=1:1:3の割合

下準備

板状の米麹の場合は細かくほぐす。炊飯器の内釜に湯を入れて温める。

使い方のヒント

ワッフルやヨーグルト、フルーツにかけるほか、水を加えて温めれば甘酒に。豆乳で割った麹ドリンクもおすすめです。

保存期間 5日 冷凍で1か月

作り方

1 鍋に水とごはんを入れ、ほぐしながら60℃まで温める。火を止めて米麹を加え、再び火にかける。温度計で測りながら60℃まで温め火からおろす。

2 炊飯器の内釜の湯を捨てて❶を入れ、保温モードにする。55〜63℃をキープしながら8〜10時間ほど保温する(炊飯器はヨーグルトメーカーでも代用可能)。途中で何度かかき混ぜながら温度を確認する。甘くなったら小鍋へ移し、全体をひと沸かしする。

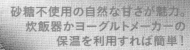

果肉感を残すため、軽く解凍するのがポイント。砂糖の量は好みで加減を

ベリーソース

材料　（作りやすい分量／約100mℓ）

保存期間 1週間

冷凍ミックスベリー……100g
砂糖………………30〜50g

作り方

1 小鍋に冷凍ミックスベリーを入れて砂糖をまぶし、水分が出るまで常温に5〜10分ほどおく。

2 中火にかけ、フルーツが崩れないようへらで混ぜながら、3分ほど煮詰める。冷まして完成。

point

砂糖をまぶし軽く解凍してから火にかけて。冷凍のまま煮詰めると、できあがりのフルーツが未解凍で、時間が経ってからしぼんでしまいます。

使い方のヒント

ヨーグルトやパンケーキ、アイスクリームやパフェのトッピングに。

使い方のヒント

フルーツやパフェ、パンケーキのソースに。フルーツやカステラでチョコレートフォンデュにするのもおすすめ。

市販の板チョコで作れる即席チョコレートソース。ホムパでも人気者、間違いなし！

チョコレートソース

材料　（作りやすい分量／約120mℓ）

保存期間 1週間

板チョコレート（ミルク）…50g
牛乳…………………70mℓ

作り方

刻んだチョコレートに沸騰直前まで温めた牛乳を注ぎ、なめらかになるまで混ぜる。できたてはサラサラしていても、冷めるととろみがつく。

point

冷えると固まるので、使う前に電子レンジで軽く温めてください。固さの加減は牛乳の量で調整を。

地味だけど使える! とっておき食材

要らぬことは削ぎ落とし、シンプルに。それでもおいしさを諦めたくない！
手軽に味の完成度をグレードアップさせる、魔法のようなヘビロテ食材をご紹介します。

粉チーズ

発酵食品と相性がいいコク出し食材。キムチパスタやキムチ鍋の〆に足すほか、かつお節、しょうゆと合わせておにぎりにも。

ピーナッツバター

バターチキンカレーやトマト煮に足すと、エスニックっぽいコクが。マヨネーズで伸ばせばディップも◎。

桜えび

旨みの宝庫！　炒め物やたれのベースにするのはもちろん、スープにトッピングするだけで風味がぐんとよくなる。

ナッツ

食感や香ばしさをパパッとプラスしたいときに。バターの風味でコクが加わるバターピーナッツや洋食に合うアーモンドなど。

はちみつ

まろやかさやコクを出したいときに。砂糖感覚で手軽に使えて、コク出し効果は絶大。

かつお節

“食べられるだし”として、旨みアップに活用。日持ちがよく、常備している家庭が多いことも、レシピに多用する理由。

一生使い続けたい

キッチンツールを大公開

業務用調理器具専門店で働いていた
経験から、
キッチンツールには並々ならぬこだわりが。
感動するほど使いやすい、
私の相棒ともいえる
精鋭たちをお見せします。

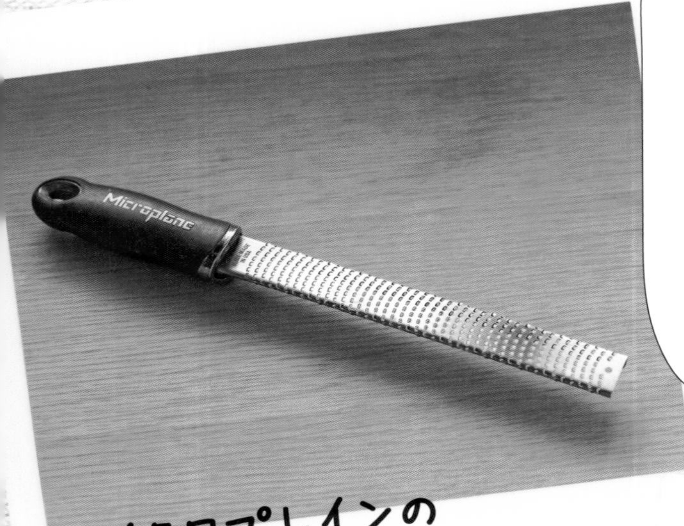

マイクロプレインのゼスターグレーター

おしゃれなチーズ削りというだけでなく、最大の感動ポイントは、薬味おろしにからまりがちなしょうがの繊維もきれいにすりおろせること。これが快感！　柑橘類の皮やチョコレート削りにも使えます。洗うのもラク。

ベンリナー

20年愛用中の、唯一無二の切れ味を備えたスライサー。刃を替えれば、せん切り、細切りの切り替えもでき、ポテトチップスやキャロットラペなどで大活躍。食材の切り方が揃って、味の入りや火の通りが統一でき、劇的においしく！

フレキシブルターナー

ペコペコと音がするほど極薄のステンレス板でできたフライ返し兼サーバー。程よくしなる薄板は、食材の下にスッと入り、煮魚や豆腐などの煮崩れやすいものもしっかりキャッチ。絶妙なカーブのおかげでな見た目以上のパワーあり！

肉や魚に片栗粉や小麦粉をまぶす工程で活躍。メッシュになった内ぶたのおかげで、ふるいにかけたような粉が出るしくみ！　おかげで、薄くダマにならず、無駄なく粉をまぶすことができます。

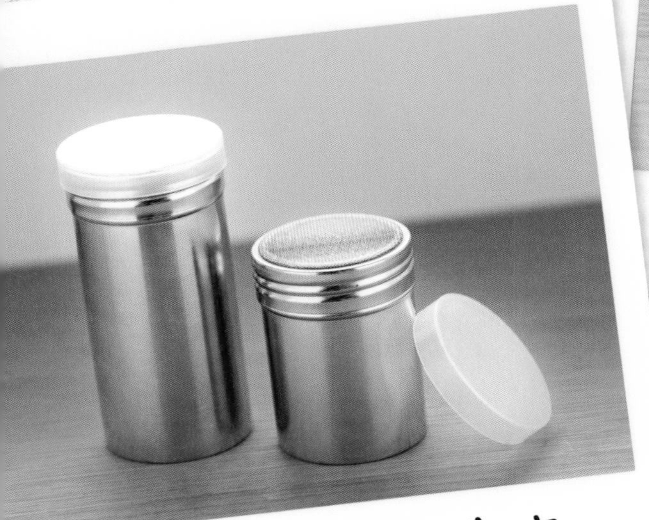

パウダー缶

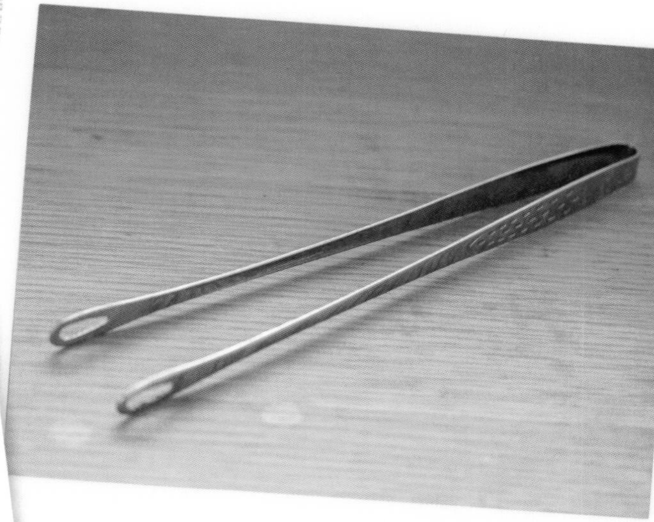

焼肉トング

一度使ったら手放せなくなるほど、つかみやすさが段違い。先が細いので、箸を使うようにコントロールが効き、軽い力でしっかりつかめる快感に驚くはず。菜箸代わりやパスタの盛りつけに。

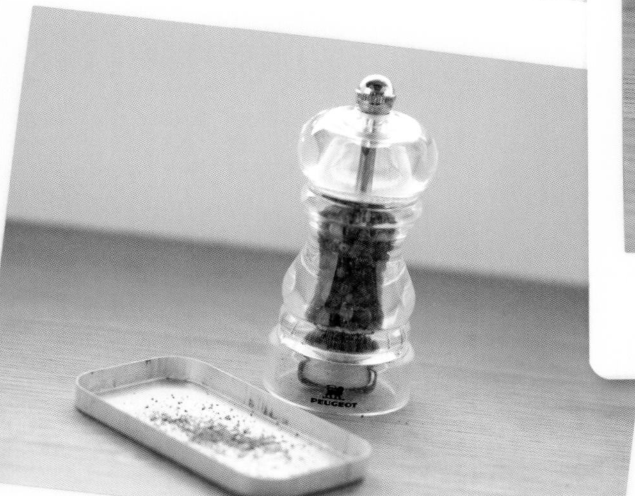

プジョーのペッパーミル

同じ粒こしょうを使っても、ペッパーミル次第で香りが驚くほど変わります。切れ味のよい刃を持つプジョーのミルは、ひきたての香りが別格。粗さが調整でき、食卓に映えるビジュアルも◎。

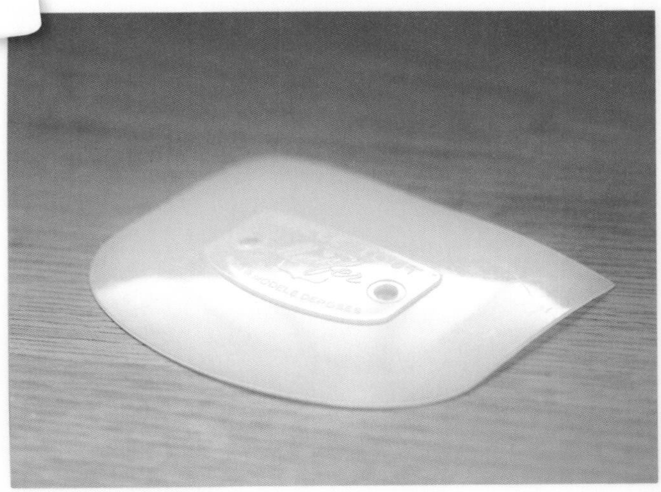

カード

お菓子作りの道具と思いきや、料理でも活躍。切った食材をまな板から鍋やボウルへ移すときにコレですくいます。ポロポロこぼれたり、かけらが残ったりせず、まな板上が一瞬できれいに。

アイデアソースになった
旅先の味

食べるために旅をするのが私流。アジア各国で味わったローカルな食の思い出がレシピ考案の根底に。〝作る前提で食べる〟料理家視点の旅の1ページをご紹介します。

「この味はどうやって？」が いつも頭の中に

タイ、マレーシアへは各10回ほど渡航し、それ以外にもベトナム、シンガポール、インドネシア、台湾、韓国など、旅先はいつも迷わずアジア。ローカル食堂をメインに食べ歩き、どんな食材がどう調理されているかを常に考え、ヒントを探るのが私の旅スタイルです。

中でもタイへ行くことが多く、大好きなガパオ、パッタイは毎食頼みます。というのも、ただ一つとして同じ味がないから！　食べ比べて、自分の好みが見えてくるプロセスも興味深くて。そしてホテルのクッキングクラスも、あれば必ず参加。料理を裏側から見ることができる貴重な体験に。そんな数々の旅から得たエネルギーが、今日も私の食欲と、料理への探究心を突き動かしています。

各国で買い集めた ペッパーコレクション

東南アジアには、こしょうの名産地が目白押し。日本で買うものより風味が鮮烈！　スーパーで買えて、長期保存でき、使い道に困ることのないこしょうはお土産にも最適。ベトナムのフーコック島、マレーシアのサラワク州、カンボジアのカンポットなど、各地の味を集め、香りの違いを楽しんでいます。

インドネシア・バリ。ホテルでナシゴレン、サテ、とうもろこしのかき揚げを学んだクッキングクラス。

タイ・プーケット島。見よ！ ガパオの汁だくぶりを。

タイ・プーケット島。ガパオはごはんと一緒に口へ運びやすいひき肉スタイルが好み。

タイ・ピピ諸島。シーフードの塩卵炒め、タイのオムレツ、ガパオを。ホーリーバジルが香り高く飽きない味。

タイ・プーケット島。ひと口にガパオといっても、ひき肉ではなく、鶏肉をそぎ切りにしたスタイルも。

タイ・サムイ島。海の家にて、インスタント麺の焼きそば、ヤムママーを。チープさがまたウマイ。

ベトナム・ホイアン。
川で獲れたしじみで作ったスープに、
牛肉をしゃぶしゃぶしたフォーを。

タイ・プーケット島の小さなホームセンターで買った器など。ホコリをかぶったような店こそ、宝の山!?

索引

この本で使われている主な食材別になっています。

Nadia Books

むっちんさんの
極上だれでパパッとごはん

2021年6月8日　第1刷発行

発行人	松井謙介
編集人	長崎　有
発行所	株式会社　ワン・パブリッシング 〒110-0005　東京都台東区上野 3 - 24 - 6
印刷所	大日本印刷株式会社
ＤＴＰ	株式会社グレン
編集長	広田美奈子
企画編集	横山由佳

装丁・デザイン	喜田里子
編集	鹿志村杏子
撮影	佐藤　朗（felica spico）
スタイリング	岡本ゆかこ
調理アシスタント	がまざわたかこ 越智美恵子
校正	草樹社
調理器具協力	Grand Chef（https://www.grandchef.co.jp/）

●この本に関する各種お問い合わせ先
本の内容については、下記サイトのお問い合わせフォームよりお願いします。
https://one-publishing.co.jp/contact/
不良品（落丁、乱丁）については　Tel 0570-092555
業務センター　〒354-0045 埼玉県入間郡三芳町上富279-1
在庫・注文については書店専用受注センター　Tel 0570-000346

むっちん（横田睦美）

料理家。日本菓子専門学校を卒業後、パティスリーに勤務。料理道具専門店、食品メーカーの営業を経て、料理家として活動中。食品メーカーへのレシピ提案、webメディアでのコラム執筆等で活躍する。SNSに投稿した「#あざとレシピ」、「#ほぼ○○風」などが話題に。合理的に作れるよう考え抜かれたプロセスにも定評がある。

Instagram、Twitter：@muccinpurin
YouTube：むっちんのパパッとごはん
Nadia: https://oceans-nadia.com/user/146865